社会福祉基礎学習ノート　解答編

第1編　社会福祉の理念と意義

第1章　生活と福祉

1 少子高齢化と人口減少に向かう日本（p.2）
①少子高齢化　②65　③23　④2.6　⑤介護　⑥人口減少　⑦労働力　⑧限界集落　⑨社会参加　⑩持続可能

練習問題　A…×　B…○　C…○　D…×

2 産業と地域社会の変化（p.3）
①第一次　②第三次　③ICT　④産業構造　⑤都市部　⑥名古屋　⑦職住　⑧昼間　⑨高齢化率　⑩人口減少　⑪自動車　⑫買い物弱者

練習問題　B

3 家族と働き方の変化（p.4）
①核家族世帯　②単独世帯　③未婚率　④増加　⑤減少　⑥三世代世帯　⑦単独世帯　⑧未婚の子　⑨ひとり親世帯　⑩M字カーブ　⑪男女雇用機会均等法　⑫育児・介護休業法　⑬賃金格差　⑭生活

練習問題　A…○　B…×　C…×　D…○

4 疾病構造の変化（p.5）
①疾病構造　②慢性疾患　③生活習慣　④平均余命　⑤1　⑥1.9　⑦健康寿命　⑧平均寿命　⑨社会経済的　⑩2024

練習問題　D

5 人の一生と社会福祉（p.6）
①ライフコース　②自由　③晩婚　④未婚　⑤里親　⑥就労支援　⑦出産　⑧ひとり親　⑨介護　⑩文化的　⑪担い手

練習問題　A…×　B…○　C…×　D…○

第2章　社会福祉の理念

1 現代の福祉理念（p.7）
①日本国憲法　②世界人権宣言　③国際人権規約　④子どもの権利条約　⑤障害者権利条約　⑥自分らし

い　⑦幸福　⑧QOL　⑪個性　⑫共生社会

練習問題　D

2 日本国憲法と社…
①基本的人権　②幸福追求権　③新しい人権　④平等　⑤奴隷的拘束　⑥国民審査権　⑦教育　⑧最低限度　⑨生存権　⑩社会福祉法　⑪福祉国家　⑫福祉社会

練習問題　A…○　B…○　C…×　D…×

3 地域生活と社会福祉（p.9）
①住み慣れた　②社会保障制度　③自己管理　④地域コミュニティ　⑤社会保障制度　⑥包括的　⑦互助　⑧住まい　⑨介護　⑩住民　⑪地域包括ケアシステム

練習問題　C

第3章　人間の尊厳と新たな福祉社会の創造

1 人間としての尊厳（p.10）
①尊重　②基本的人権　③平等　④個人　⑤人間の尊厳　⑥障害者基本法　⑦自助　⑧自己決定　⑨社会参加　⑩自己実現

練習問題　A…○　B…×　C…○　D…×

2 自立生活支援（p.11）
①エンパワメント　②自立生活　③QOL　④日常生活動作　⑤自己選択・自己決定　⑥ニーズ　⑦就労支援　⑧AI　⑨ICT　⑩介護ロボット　⑪意思決定支援

練習問題　A

3 新たな福祉社会の構築に向けて（p.12）
①文化的な生活　②基本的人権　③多様性　④共生　⑤助けあう　⑥ソーシャル・インクルージョン　⑦社会的排除　⑧地域住民　⑨自主的　⑩ボランティアコーディネーター

練習問題　A…○　B…×　C…×　D…○

第1章 諸外国における社会福祉

1 社会福祉の歴史 (p.13)

①自助努力 ②扶養 ③地域社会 ④宗教 ⑤自己責任 ⑥自由権 ⑦社会権 ⑧ウェッブ夫妻 ⑨ナショナル・ミニマム ⑩福祉国家 ⑪救貧 ⑫防貧 ⑬年金

練習問題　A…× B…× C…○ D…○

2 イギリスにおける社会福祉の発展（1）福祉国家の登場とあゆみ (p.14)

①エリザベス救貧法 ②国家 ③救貧税 ④ワークハウス ⑤産業革命 ⑥劣等処遇の原則 ⑦慈善組織協会 ⑧セツルメント運動 ⑨社会保険および関連サービス ⑩国民扶助法 ⑪ゆりかごから墓場まで

練習問題　B

3 イギリスにおける社会福祉の発展（2）福祉国家の再編と改革 (p.15)

①ピーター・タウンゼント ②シーボーム報告 ③地方自治体社会サービス法 ④ソーシャルワーカー ⑤サッチャー ⑥自助 ⑦福祉多元主義 ⑧コミュニティケア ⑨グリフィス報告 ⑩NHSならびにコミュニティケア法 ⑪ケアマネジメント ⑫ブレア ⑬第三の道 ⑭社会的排除 ⑮子どもの貧困

練習問題　A…○ B…× C…○ D…×

4 アメリカにおける社会福祉の発展 (p.16)

①慈善組織協会 ②メアリー・リッチモンド ③ジェーン・アダムズ ④ニューディール政策 ⑤社会保障法 ⑥公民権運動 ⑦貧困戦争 ⑧自立生活運動 ⑨障害を持つアメリカ人法 ⑩新自由主義 ⑪自助 ⑫国民全体

練習問題　A

5 北欧の社会福祉（スウェーデン，デンマーク） (p.17)

①国民年金法 ②国民の家 ③公的 ④普遍主義 ⑤高福祉・高負担 ⑥ノーマライゼーション ⑦在宅福祉 ⑧社会サービス法 ⑨地方自治 ⑩エーデル改革 ⑪公的年金制度改革

練習問題　C

6 ヨーロッパ大陸諸国の社会保障（ドイツ，フランス） (p.18)

①エルバーフェルトシステム ②民生委員制度 ③ビスマルク ④ワイマール憲法 ⑤社会権 ⑥公的介護保険 ⑦職域 ⑧ラロックプラン ⑨社会連帯 ⑩家族政策

練習問題　C

7 アジアの少子高齢化と社会福祉の課題 (p.19)

①少子高齢化 ②乳幼児死亡率 ③低賃金 ④老人長期療養保険制度 ⑤0.92 ⑥市場経済 ⑦一人っ子政策 ⑧EPA ⑨介護福祉士 ⑩外国人技能実習制度

練習問題　A…× B…○ C…○ D…×

第2章 日本における社会福祉

1 近代社会福祉の黎明期 (p.20)

①近隣相扶 ②恤救規則 ③キリスト教徒 ④感化 ⑤スラム ⑥岡山孤児院 ⑦東京家庭学校 ⑧キングスレー館 ⑨二葉幼稚園 ⑩滝乃川学園 ⑪社会主義 ⑫感化救済事業

練習問題　A…○ B…× C…○ D…×

2 社会事業の成立と発展 (p.21)

①工場法 ②米騒動 ③社会立法 ④治安維持法 ⑤社会貧 ⑥社会連帯責任 ⑦社会事業 ⑧民生委員制度 ⑨方面委員制度 ⑩地域福祉 ⑪セツルメント運動 ⑫貧困地域 ⑬協同組合

練習問題　D

3 戦時厚生事業による福祉対策 (p.22)

①昭和恐慌 ②小作争議 ③救護法 ④医療 ⑤助産 ⑥生活保護法 ⑦厚生事業 ⑧保健所 ⑨厚生省 ⑩医療保険 ⑪国民健康保険法 ⑫労働者年金保険

練習問題　A…× B…× C…○ D…○

4 戦後対策としての社会福祉の構築 (p.23)

①戦災孤児 ②生活困窮者 ③無差別平等 ④国家責任 ⑤生活保護法 ⑥日本国憲法 ⑦25 ⑧生存権 ⑨児童福祉法 ⑩身体障害者福祉法 ⑪生活保護法 ⑫社会保障制度に関する勧告

5 高度経済成長期と社会保障・社会福祉の拡充（p.24）

①高度経済成長期　②都市部　③国民皆年金・皆保険　④国民年金制度　⑤国民健康保険制度　⑥精神薄弱者福祉法　⑦老人福祉法　⑧母子福祉法　⑨福祉元年　⑩オイルショック　⑪福祉見直し

練習問題　C

6 新世紀に向けた福祉改革と介護保険制度の導入（p.25）

①日本型福祉論　②扶養　③在宅福祉の充実　④ノーマライゼーション　⑤完全参加と平等　⑥国際障害者年　⑦高齢者保健福祉推進十か年戦略　⑧福祉八法　⑨市町村　⑩新ゴールドプラン　⑪介護保険制度　⑫NPO

練習問題　A…×　B…○　C…×　D…○

7 子ども・家庭支援のさらなる充実をめざして（p.26）

①エンゼルプラン　②少子化対策基本法　③次世代育成対策推進法　④子ども子育て応援プラン　⑤子ども子育てビジョン　⑥保育サービス　⑦子ども・子育て支援新制度　⑧児童虐待　⑨子ども・子育て世帯の貧困　⑩社会的養護　⑪里親　⑫子育て世代包括支援センター　⑬児童相談所　⑭ソーシャルワーカー

練習問題　A

8 障害者福祉のさらなる充実をめざして（p.27）

①国際障害者年　②障害者基本法　③障害者基本計画　④障害者プラン　⑤バリアフリー化　⑥支援費制度　⑦障害者自立支援法　⑧1　⑨障害者総合支援法　⑩共生社会　⑪障害者権利条約

練習問題　B

9 次代に向けた新たな社会福祉の挑戦（p.28）

①ケアマネジャー　②日常生活自立支援事業　③成年後見制度　④生活困窮者自立支援法　⑤児童虐待防止　⑥高齢者虐待防止　⑦障害者虐待防止　⑧包括的　⑨見守り活動　⑩人口　⑪協働

練習問題　A…○　B…×　C…×　D…○

第3編　生活を支える社会福祉・社会保障制度

第1章　社会保障制度の意義と役割

1 社会保障制度の意義と役割（p.29）

①リスク　②安心できる生活　③生存権　④自立支援　⑤経済的格差　⑥経済成長　⑦社会保障制度に関する勧告　⑧公衆衛生および医療　⑨生活保護　⑩介護　⑪児童扶養手当

練習問題　A

2 社会保障の各制度の概要（p.30）

①サービス　②社会福祉施設　③在宅福祉　④セーフティネット　⑤税金　⑥資力調査　⑦金銭　⑧保険料　⑨強制　⑩国民皆保険　⑪国民皆年金　⑫児童扶養手当　⑬予防　⑭ILO　⑮年金

練習問題　A…○　B…○　C…×　D…×

3 社会保障制度を推進する機関（p.31）

①労働省　②東京都特別区　③生活保護　④町村部　⑤虐待　⑥知的障害者更生相談所　⑦暴力　⑧児童委員　⑨年金事務所　⑩ハローワーク

練習問題　B

第2章　子ども家庭福祉

1 少子化時代の子ども子育て支援（p.32）

①児童福祉法　②戦災孤児　③幸福　④主体　⑤15～49　⑥1949　⑦1.4　⑧人口減少社会　⑨1.57ショック　⑩第一次　⑪第二次　⑫待機児童問題　⑬子ども・子育て支援

練習問題　A…○　B…×　C…○　D…×

2 児童相談所と市町村の役割（p.33）

①児童福祉司　②児童心理司（①と②は順不同）　③一時　④児童虐待防止法　⑤特別区　⑥弁護士　⑦児童虐待　⑧子育て世代包括支援センター　⑨市区町村子ども家庭総合支援拠点　⑩要保護児童対策地域協議会

練習問題　B

3 子ども支援と保育（p.34）

①児童福祉法　②国　③保育所　④措置制度　⑤契約方式　⑥保母　⑦国家資格　⑧こども家庭庁　⑨文部

科学省　⑩児童福祉法　⑪学校教育法　⑫保育士　⑬幼稚園教諭　⑭保育所　⑮幼保一体化

✎練習問題　A…×　B…○　C…×　D…○

4 子どものすこやかな成長に向けて（p.35）

①発達　②保護者　③遊び　④児童館　⑤学童保育　⑥放課後児童支援員　⑦スクールカウンセラー　⑧環境的要因　⑨いじめ防止対策推進法　⑩14　⑪20　⑫14　⑬ぐ犯　⑭12　⑮児童自立支援施設

✎練習問題　A…○　B…○　C…×　D…×

5 子どもの貧困とひとり親家庭の福祉（p.36）

①所得　②相対的貧困率　③50　④貧困線　⑤6〜7　⑥5　⑦賃金格差　⑧児童扶養手当　⑨子ども食堂　⑩フードバンク　⑪子どもの貧困対策法

✎練習問題　A…○　B…○　C…×　D…×

6 社会的養護と児童虐待への対応（p.37）

①社会的養護　②家庭　③里親　④児童養護施設　⑤特別養子縁組　⑥児童虐待防止法　⑦10万　⑧身体的虐待　⑨心理的虐待　⑩児童相談所　⑪一時保護　⑫DV防止法　⑬配偶者暴力相談支援センター

✎練習問題　A…○　B…×　C…○　D…×

7 障害のある子どもへの支援（p.38）

①18　②児童福祉法　③障害者総合支援法　④乳幼児期　⑤児童発達支援センター　⑥特別児童扶養手当　⑦レスパイト　⑧通所　⑨入所　⑩相談支援　⑪発達障害

✎練習問題　C

8 子どもの権利と子ども家庭福祉（p.39）

①児童の権利宣言　②子どもの権利　③差別　④児童憲章　⑤国際児童年　⑥大人　⑦自己の意見　⑧表現の自由　⑨国連子どもの権利委員会　⑩子どもの人権オンブズパーソン

✎練習問題　B

第3章｜障害者福祉

1 障害者福祉とは（p.40）

①知的障害　②社会的障壁　③相当な制限　④障害者基本法　⑤相当な制限　⑥継続的　⑦物理的　⑧制度

⑨観念　⑩健常者　⑪社会全体

✎練習問題　A…○　B…○　C…×　D…×

2 障害の社会モデルとICF（p.41）

①社会モデル　②社会的障壁　③WHO　④ICF　⑤能力障害　⑥活動　⑦参加　⑧両方向　⑨中立的　⑩環境因子

✎練習問題　D

3 障害者の現状と生活のしづらさ（p.42）

①964.7　②7.6　③身体障害児・者　④知的障害児・者　⑤精神障害者　⑥増加　⑦在宅者　⑧知的障害者　⑨不便さ　⑩介助

✎練習問題　A…○　B…×　C…○　D…×

4 障害者福祉の理念（p.43）

①社会的障壁　②ノーマライゼーション　③生みの親　④1959年法　⑤ニィリエ　⑥当たり前の暮らし　⑦自己決定権　⑧自立生活　⑨当事者主体　⑩自立生活運動

✎練習問題　B

5 障害者福祉を支える法制度（p.44）

①共生　②障害者差別　③障害者基本計画　④参加　⑤共生　⑥共生社会　⑦東日本大震災　⑧障害者総合支援法　⑨雇用　⑩障害者加算

✎練習問題　A…×　B…○　C…×　D…○

6 身体障害者の現状と支援（p.45）

①身体障害者福祉法　②身体障害者手帳　③肢体不自由　④難病患者　⑤身体障害者更生相談所　⑥障害者総合支援法　⑦高齢者，障害者等　⑧社会環境　⑨補装具費　⑩障害受容

✎練習問題　D

7 知的障害者の現状と支援（p.46）

①知的障害者福祉法　②18　③児童相談所　④知的障害者更生相談所　⑤数値化　⑥知能検査　⑦療育手帳　⑧都道府県　⑨障害特性　⑩親亡き後

✎練習問題　A…×　B…○　C…○　D…×

8 精神障害者の現状と支援（p.47）

①障害者基本法　②医療　③生活支援　④精神保健福

社法 ⑤1～3 ⑥精神科医 ⑦私宅監置 ⑧精神衛生法 ⑨人権侵害 ⑩ノーマライゼーション ⑪妄想 ⑫精神保健福祉士

✏練習問題　C

9 発達障害者の現状と支援（p.48）
①障害者基本法 ②発達障害者支援センター ③家族 ④医療 ⑤障害者総合支援法 ⑥アスペルガー症候群 ⑦脳機能 ⑧社会的障壁 ⑨医師 ⑩コミュニケーション ⑪障害理解

✏練習問題　A…○　B…×　C…○　D…×

10 障害者総合支援法の現状と課題（p.49）
①ニーズ ②介護給付 ③更生医療 ④補装具 ⑤相談支援 ⑥市町村審査会 ⑦市町村 ⑧障害支援区分 ⑨地域生活支援 ⑩ケアマネジメント

✏練習問題　C

11 障害者福祉の今後のあり方（p.50）
①障害者の権利に関する条約 ②人権 ③尊厳 ④2014 ⑤障害者総合支援法 ⑥障害者虐待防止センター ⑦保護 ⑧合理的配慮 ⑨差別的取扱い ⑩共生社会

✏練習問題　A…×　B…○　C…×　D…○

第4章 高齢者福祉と介護保険制度

1 日本が直面する人口構造の高齢化（p.51）
①2 ②減少 ③減少 ④後期高齢者人口 ⑤高齢者人口 ⑥7 ⑦14 ⑧4 ⑨死亡率 ⑩少子化 ⑪地域差 ⑫単独世帯

✏練習問題　A…×　B…○　C…○　D…×

2 高齢者の生きがいと健康づくりに向けて（p.52）
①安定性 ②個人差 ③有訴者 ④悪性新生物 ⑤廃用症候群 ⑥脆弱性 ⑦社会参加活動 ⑧71.9 ⑨60 ⑩健康寿命 ⑪QOL

✏練習問題　B

3 介護保険制度の誕生（p.53）
①2000 ②社会保険方式 ③社会化 ④尊厳 ⑤意思 ⑥利用者本位 ⑦市町村 ⑧1 ⑨2 ⑩要支援認定 ⑪要介護 ⑫基本チェックリスト ⑬介護支援専門員

⑭ケアプラン ⑮1～3

✏練習問題　C

4 介護保険制度の見直し（p.54）
①保険料負担 ②一人暮らし高齢者 ③制度の持続可能性 ④予防重視型システム ⑤食費・居住費 ⑥23 ⑦3 ⑧低所得者 ⑨生活支援サービス ⑩地域包括ケアシステム ⑪地域密着型サービス ⑫介護予防・日常生活支援総合事業 ⑬介護人材 ⑭処遇改善

✏練習問題　A…×　B…○　C…×　D…○

5 高齢者の在宅サービス（福祉系）（p.55）
①自宅 ②コミュニティケア ③地域 ④訪問介護員 ⑤身体 ⑥生活 ⑦デイサービス ⑧ショートステイ ⑨主任介護支援専門員 ⑩ケアマネジメント ⑪ケアプラン

✏練習問題　C

6 高齢者の在宅サービス（医療系）（p.56）
①長期間 ②慢性疾患 ③かかりつけ医 ④在宅サービス ⑤看護師 ⑥リハビリテーション ⑦ADL ⑧IADL（⑦と⑧は順不同） ⑨手段的日常生活動作 ⑩医師 ⑪介護老人保健施設 ⑫短期入所

✏練習問題　A…○　B…×　C…×　D…○

7 地域密着型サービス（p.57）
①住み慣れた ②市町村 ③日常生活圏域 ④通い ⑤泊まり ⑥訪問 ⑦複合型 ⑧認知症グループホーム ⑨家庭的 ⑩認知症デイサービス ⑪12 ⑫訪問看護 ⑬定期巡回

✏練習問題　B

8 介護保険施設（p.58）
①老人福祉制度 ②老人保健制度 ③介護保険制度 ④特別養護老人ホーム ⑤食事 ⑥ユニット型 ⑦個室 ⑧リハビリテーション ⑨家庭復帰 ⑩医療 ⑪看取り ⑫2024

✏練習問題　A…○　B…×　C…○　D…×

9 老人福祉施設と高齢者向け住宅（p.59）
①経済的 ②社会的活動 ③ケアハウス ④60 ⑤A型 ⑥B型（⑤と⑥は順不同） ⑦自立生活 ⑧食事 ⑨健康管理 ⑩自己負担 ⑪健康 ⑫住宅 ⑬介護

⑭高齢者住まい法　⑮状況把握サービス

✎練習問題　A…×　B…○　C…○　D…×

10 認知症ケアの充実に向けて（p.60）

①精神機能　②日常生活　③器質的障害　④アルツハイマー　⑤個別化　⑥受容（⑤と⑥は順不同）　⑦寄り添う姿勢　⑧信頼関係　⑨中心　⑩潜在的能力　⑪できること　⑫新オレンジプラン　⑬7つの柱　⑭認知症サポーター　⑮認知症カフェ

✎練習問題　B

11 高齢者福祉の将来〜地域包括ケアシステムの実現に向けて〜（p.61）

①介護　②若年層　③総人口　④保険料　⑤虐待　⑥介護疲れ　⑦介護技術　⑧家族支援　⑨高齢者虐待　⑩地域包括ケアシステム　⑪住み慣れた　⑫生活支援　⑬連携　⑭チームケア

✎練習問題　C

第5章 生活支援のための公的扶助

1 生活保護制度とは（p.62）

①困窮　②公的扶助　③生存権　④最低限度の生活　⑤セーフティネット　⑥国家責任　⑦無差別平等　⑧最低生活保障　⑨文化的　⑩補足性　⑪申請保護　⑫最低生活費　⑬必要即応　⑭世帯

✎練習問題　A…○　B…○　C…×　D…×

2 生活保護の種類と基準（p.63）

①生活　②義務教育　③住居費　④医療　⑤介護　⑥出産　⑦生業　⑧葬祭　⑨金銭給付　⑩厚生労働　⑪年齢　⑫世帯員数　⑬冬季　⑭最低生活費

✎練習問題　A…○　B…×　C…×　D…○

3 生活保護の実施体制と近年の動向（p.64）

①厚生労働省　②都道府県知事　③町村長　④福祉事務所　⑤ケースワーカー　⑥都道府県知事　⑦不服申し立て制度　⑧厚生労働大臣　⑨景気　⑩リーマンショック　⑪高齢者世帯　⑫ハローワーク　⑬後発医薬品　⑭子供の貧困対策に関する大綱　⑮進学準備給付金

✎練習問題　C

4 生活困窮者自立支援法と生活福祉資金貸付制度（p.65）

①セーフティネット　②任意事業　③ワンストップ　④アウトリーチ　⑤日常生活自立　⑥社会生活自立　⑦就労自立　⑧中間的就労　⑨生活福祉資金貸付制度　⑩低利　⑪市区町村　⑫都道府県

✎練習問題　D

第6章 国民の生活を支える社会保険制度

1 日本の社会保険制度（p.66）

①皆保険　②皆年金　③金銭　④強制　⑤負担能力　⑥一般財源　⑦事業主　⑧医療保険　⑨遺族年金　⑩雇用保険　⑪業務　⑫国民健康保険　⑬国民年金

✎練習問題　B

2 医療保険制度（p.67）

①公務員　②健康保険　③国民健康保険　④診療報酬　⑤健康保険組合　⑥全国健康保険協会　⑦事業主　⑧事業主　⑨国民健康保険　⑩皆保険　⑪医療扶助　⑫都道府県　⑬標準保険料率　⑭世帯主

✎練習問題　A…×　B…×　C…○　D…○

3 後期高齢者医療制度（p.68）

①前期高齢　②後期高齢者　③不均衡　④広域連合　⑤10　⑥40　⑦50　⑧70歳以上75歳未満　⑨後期高齢者　⑩3　⑪生活習慣　⑫脳血管疾患　⑬特定保健指導　⑭メタボリックシンドローム

✎練習問題　C

4 公的年金制度の体系（p.69）

①国民皆年金　②被扶養者　③基礎年金　④60　⑤2　⑥自営業　⑦2　⑧賦課　⑨減免　⑩厚生年金　⑪被保険者　⑫政府　⑬厚生労働省　⑭日本年金機構

✎練習問題　D

5 公的年金の給付（p.70）

①障害　②厚生年金　③一人一年金　④10　⑤20　⑥初診日　⑦3　⑧18　⑨父母　⑩マクロ経済スライド　⑪厚生年金基金　⑫個人型確定拠出年金

✎練習問題　A…×　B…○　C…○　D…×

6 雇用保険と労災保険 (p.71)

①失業　②失業等　③雇用安定　④公共職業安定所　⑤労働　⑥求職者　⑦就職促進　⑧教育訓練　⑨雇用継続　⑩介護　⑪1　⑫労働者災害補償　⑬社会復帰促進等事業　⑭通勤災害

✎練習問題　A

第4編　人間関係とコミュニケーション

第1章　コミュニケーションの基礎

1 コミュニケーションの意義と役割 (p.72)

①対人支援　②コミュニケーション　③当事者　④利用者　⑤支援関係　⑥専門職業　⑦送り手　⑧メッセージ　⑨手段や方法　⑩受け手（⑦～⑩は順不同）⑪手話　⑫点字（⑪と⑫は順不同）⑬専門用語

✎練習問題　A

2 コミュニケーションの手段と方法 (p.73)

①手話　②点字（①と②は順不同）③表情　④態度（③と④は順不同）⑤ICT　⑥言語的コミュニケーション　⑦非言語的コミュニケーション　⑧言葉　⑨SNS

✎練習問題　A…○　B…×　C…○　D…×

第2章　支援における人間関係の形成

1 傾聴・受容・共感の姿勢 (p.74)

①専門職業　②支援関係　③傾聴　④受容　⑤共感（③～⑤は順不同）⑥聞く　⑦尊重　⑧表情　⑨態度（⑧と⑨は順不同）⑩ありのまま　⑪許容　⑫ひとりの人間　⑬基本的な欲求　⑭同情

✎練習問題　A…○　B…○　C…×　D…×

2 利用者理解と支援者の自己理解 (p.75)

①理解のあり方　②選択肢　③側面　④環境（状況）⑤生活者　⑥自己理解　⑦ジョハリの窓　⑧開放　⑨盲点　⑩秘密　⑪未知

✎練習問題　D

第3章　社会福祉における支援活動の概要

1 個人に対する支援活動とその方法 (p.76)

①個人　②社会資源　③バイステック　④個人　⑤支援者　⑥受容　⑦自己決定　⑧秘密保持　⑨インテーク　⑩インターベンション

✎練習問題　A

2 グループや家族に対する支援活動とその方法 (p.77)

①グループ　②安心で安全　③グループダイナミクス　④集団力学　⑤準備　⑥情報収集　⑦開始　⑧受容　⑨作業　⑩終結　⑪セルフヘルプグループ　⑫自助グループ

✎練習問題　C

3 地域を基盤としたソーシャルワーク (p.78)

①地域生活課題　②社会福祉法第4条　③社会参加　④セルフネグレクト　⑤生活意欲　⑥健康状態　⑦生活環境（⑥と⑦は順不同）⑧8050問題　⑨独身　⑩ネットワーク　⑪孤立　⑫アウトリーチ

✎練習問題　A…○　B…×　C…×　D…○

4 チームワークとリーダーシップ (p.79)

①連携・協働　②チームワーク　③リーダーシップ（②と③は順不同）④チームマネジメント　⑤倫理　⑥フォロワーシップ　⑦社会福祉士　⑧介護福祉士（⑦と⑧は順不同）⑨地域ケア会議　⑩事例検討会（⑨と⑩は順不同）⑪民生委員　⑫個人情報保護　⑬守秘義務

✎練習問題　D

5 福祉・介護人材の養成とキャリア形成 (p.80)

①社会福祉士　②介護福祉士　③精神保健福祉士　④介護支援専門員　⑤社会福祉士及び介護福祉士法　⑥現任研修　⑦資質向上の責務　⑧福祉は人なり　⑨キャリアパス　⑩チームリーダー　⑪管理者

✎練習問題　C

第1章 多様な社会的支援制度

1 医療提供体制のしくみ (p.81)

①20 ②19 ③感染症 ④地域医療支援 ⑤臨床研究中核 ⑥都道府県 ⑦5 疾病 ⑧脳卒中 ⑨へき地 ⑩看護師 ⑪保健師 ⑫薬剤師

✎練習問題　A

2 特別支援教育の制度 (p.82)

①特殊教育 ②特別支援教育 ③発達障害 ④通常学級 ⑤サラマンカ声明 ⑥障害者権利条約 ⑦ノーマライゼーション ⑧障害種別 ⑨特別支援学校 ⑩障害種別の一元化 ⑪家庭 ⑫特別支援学級 ⑬通級

✎練習問題　A···×　B···○　C···×　D···○

3 特別支援教育の実際 (p.83)

①自立 ②職業 ③社会福祉施設 ④職業訓練課程 ⑤放課後等デイサービス ⑥通級 ⑦学習障害 ⑧注意欠陥多動性障害 ⑨困難 ⑩家庭

✎練習問題　C

4 司法と福祉の連携 (p.84)

①社会復帰 ②司法 ③地域生活定着 ④家庭裁判所 ⑤少年法 ⑥家庭裁判所 ⑦保護観察 ⑧保護観察官 ⑨保護司 ⑩12 ⑪法テラス ⑫薬物処遇

✎練習問題　D

5 権利擁護と成年後見制度 (p.85)

①判断能力 ②権利擁護 ③日常生活自立支援 ④社会福祉協議会 ⑤成年後見制度 ⑥生活支援専門員 ⑦成年後見 ⑧自己決定 ⑨法定 ⑩保佐 ⑪任意 ⑫任意後見人 ⑬市民

✎練習問題　D

第2章 地域福祉の進展と地域の将来

1 つながりの再構築と社会福祉の役割 (p.86)

①自助 ②共助 ③社会的孤立 ④無縁社会 ⑤再構築 ⑥子ども ⑦地域住民 ⑧主体的 ⑨SNS ⑩再構築

✎練習問題　A···×　B···×　C···○　D···○

2 地域社会とボランティア (p.87)

①意思 ②自己実現 ③自発 ④公共 ⑤無償 ⑥創造 ⑦先駆（⑥と⑦は順不同） ⑧社会的課題 ⑨自発 ⑩先駆 ⑪ボランティア

✎練習問題　D

3 非営利組織の活動 (p.88)

①民間 ②利益 ③特定非営利活動促進法 ④NPO ⑤営利 ⑥NGO ⑦社会福祉法 ⑧市区町村 ⑨都道府県 ⑩組合員 ⑪出資金 ⑫農業協同組合 ⑬社会的企業

✎練習問題　A···×　B···○　C···×　D···○

4 福祉のまちづくりと地域社会 (p.89)

①福祉 ②環境 ③困難 ④ノーマライゼーション ⑤バリアフリー ⑥心のバリアフリー ⑦人権教育 ⑧避難行動要支援者 ⑨福祉避難所 ⑩減災 ⑪住民 ⑫当事者

✎練習問題　D

5 新時代に向けた社会福祉〜地域共生社会の実現に向けて〜 (p.90)

①地域共生 ②個性 ③社会福祉 ④包括的な支援体制 ⑤介護 ⑥地域 ⑦共生ケア ⑧共生型 ⑨高齢者 ⑩福祉専門職

✎練習問題　A···○　B···×　C···○　D···×

もくじ

■本書の特色

・本書は，実教出版発行の教科書（福祉701）「社会福祉基礎」に準拠した学習ノートです。教科書の構成にあわせた展開とし，各節を次のような内容で1ページに構成しています。

　①教科書の重要用語を確認する穴埋め演習問題（知識・技能）

　②「介護福祉士」国家試験の出題形式に準じた練習問題（思考・判断）

・授業の復習や自学自習のために本書をご活用ください。

第1章 生活と福祉

1 少子高齢化と人口減少に向かう日本

教科書 p.8 〜 p.9

1 少子高齢化の進展

・日本の人口構成……1974年以降，長期的な少子化の傾向が続く。一方，平均寿命が上昇し，65歳以上の高齢者人口が増加。

→（①　　　　　　　）が急速に進んでいる。

・高齢化率……総人口に占める（②　　　）歳以上人口の割合。1970年に7.1％だったが，2010年には（③　　　）％となり，2020年には28.8％となった。

2 少子高齢社会の課題

・人口の将来推計……高齢化率は2065年に38.4％に達して，国民の約（④　　　　　）人に１人が65歳以上となる社会が到来すると推計されている。

・高齢社会の課題……医療や（⑤　　　　　）を必要とする人が増加するが，高齢者がさまざまな場面で経験をいかして役割を発揮できる環境づくりが必要。

・少子化対策……子ども・子育て支援関連の制度やサービスの充実などが求められる。

3 人口減少社会の課題

日本は少子高齢化と共に，（⑥　　　　　　　）に直面している。2015年の国勢調査によると，日本の人口は1920年の調査開始以来，初めて減少に転じた。

→今後も人口は減少し続けると推計されている。

▶急激な人口減少による影響

日本社会全体	労働力人口の減少→（⑦　　　　　　　）不足や経済全体の規模の縮小。
大都市圏	高齢者人口の急増。
地方	高齢化率が50％をこえる（⑧　　　　　　　）だけでなく，市町村の運営や存続が困難になる地域もある。

4 持続可能な社会の構築に向けて

・これからの社会福祉のあり方……人々の生活上の困難に対し，一人ひとりの可能性に目を向けながら，さまざまな（⑨　　　　　　）を可能にすることをめざす。

→だれもが活躍できる（⑩　　　　　　）な社会をめざしていくことが必要。

🖊練習問題

◆次の記述が正しければ○，誤っていれば×をつけなさい。

A　日本の人口構成は，1974年以降，出生率が高い状態で推移し，長期的な少子化の傾向が続いている。

B　日本は，医療水準の向上などにより，平均寿命が上昇している。

C　地方では，限界集落と呼ばれる集落だけでなく，急激な人口減少によって市町村の運営や存続が危ぶまれている地域がある。

D　近年，持続可能な社会の構築が叫ばれているが，社会福祉の分野では実現が困難であるため，社会の変化への対応は必要ない。

A		B		C		D	

2 産業と地域社会の変化

教科書 p.10 ～ p.11

1 産業構造の変化と人口移動

◎産業構造の変化

・1960年代の高度経済成長の過程で，（①　　　　　　）産業に従事する人の割合が減少し，第二次産業，
（②　　　　　　）産業に従事する人の割合が増加した。

・（③　　　　　）（情報通信技術）……Information and Communication Technologyの略。近年のICT
の発達が，働き方やライフスタイルに大きな影響を及ぼす。

→第四次産業革命と呼ばれる（④　　　　　　　　）の変化を生み出している。

・介護分野にも，介護ロボットやICTの活用など，技術革新が影響を与えている。

◎人口移動

・1960年代の高度経済成長により，農村から（⑤　　　　　　）への人口移動が急激に進んだ。
特に，三大都市圏と呼ばれる東京，大阪，（⑥　　　　　　）に人口が集中。

→ICTの発達などにより，雇用の場が都市圏に限定されなくなることで，三大都市圏への人口集
中の傾向が変化することも考えられる。

2 地域のつながりの変化

・（⑦　　　　　）分離……働く場所と住まいが離れていること。産業構造の変化に伴い，雇用されて働
く人の割合が増加し，職住分離が進行した。

・都市部……（⑧　　　　　）人口が少なく，人口移動も激しい地域。

→地域のつながりが希薄で，支えあいの意識も弱まっている。

・過疎地域……人口減少率や（⑨　　　　　　　　）が高く，財政力が低い地域。

→支えあいの意識は比較的残っているが，急激な（⑩　　　　　　　　）と高齢化により，地域社会の共
同体としての機能を維持することが困難な地域もある。

3 モータリゼーションと地域社会の変化

・モータリゼーション……移動手段としての（⑪　　　　　　）の一般化。

→モータリゼーションや道路交通環境の整備によって，人々の生活が便利になった。その一方で，
地域の過疎化が進み，近くの商店街の店舗が閉店したことで，自動車の運転が難しくなった高齢
者などが，生活に必要な買い物ができなくなってしまう，（⑫　　　　　　　　）などの問題が大き
くなっている。

練習問題

✦次の記述のうち，正しいものを1つ選びなさい。

A　第一次産業が成長したことで，三大都市圏に日本の人口の約半数が集中した。

B　近年のICTの発達により，第四次産業革命と呼ばれる産業構造の変化が生まれた。

C　若い世代が大都市圏に流出する過疎地域では，地域のつながりが希薄になっている。

D　モータリゼーションが進むことで，商店街や繁華街がある中心市街地の活性化が期待される。

3 家族と働き方の変化

教科書 p.12～p.13

1 世帯数の増加と世帯人員の減少

・日本では戦後，夫婦と未婚の子どもによって構成される（①　　　　　　　）が増加し，三世代世帯はしだいに減少した。

→高齢夫婦のみの世帯や（②　　　　　　）（一人暮らし）など，高齢者のみの世帯が増加。

・生涯（③　　　　　）……50歳時点で一度も結婚したことのない人の割合。生涯未婚率の上昇に伴い，未婚の単身者も増加している。

→世帯数は（④　　　　）しているが，一世帯の平均世帯人員は（⑤　　　　）している。

2 家族の多様化

・65歳以上の者のいる世帯の世帯構造の推移を見ると，（⑥　　　　　　　）の割合は減少を続け，（⑦　　　　　　）が増加している。

・核家族世帯のうち，夫婦と（⑧　　　　　　）からなる世帯の割合は，1989年の39.3％から2019年には28.4％まで減少している。一方，（⑨　　　　　　　　）の割合は，同時期に5.0％から7.0％に増加している。

3 女性の社会進出の進展

・女性の労働力率が年齢により右の図のようなカーブを描くことから，この推移を（⑩　　　　　　　）という。

・1985年に制定された（⑪　　　　　　　　　　）や四年制大学への女子進学率の上昇に伴い，男女の雇用期間や待遇の平等が求められるようになった。

・1991年に育児休業法（（⑫　　　　　　　）に1995年改正）が制定され，育児や介護に対する職場での不利益な扱いが禁止された。

→女性雇用者数は増加しているが，非正規雇用労働者が多く，男女の（⑬　　　　　　　）や管理職への登用にも大きな格差がある。

▶**女性の年齢階級別労働力率の推移**

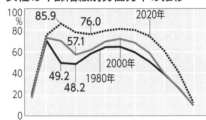

(注) 労働力率は，労働力人口（就業者＋完全失業者）／「15歳以上人口」×100。

内閣府「男女共同参画白書（2021年）」による

4 ワーク・ライフ・バランスの実現と働き方の改革

・ワーク・ライフ・バランス……仕事と（⑭　　　　　）の調和ともいわれ，職業生活と家庭，その他仕事以外の生活をバランスよく組み立てることをいう。男女を問わず，仕事をしながらワーク・ライフ・バランスを維持し，家族として責任を果たすことができる働き方の実現が求められている。

練習問題

◆次の記述が正しければ○，誤っていれば×をつけなさい。

A　単独世帯とは，未婚の単身者など，一人暮らしの世帯のことである。

B　核家族世帯とは，親とその子と孫で構成される世帯のことである。

C　65歳以上の者のいる世帯の構造は，単独世帯よりも三世代世帯の割合が増加している。

D　育児・介護休業法は，育児や介護に対する職場での不利益な扱いを禁止している。

A		B		C		D	

4 疾病構造の変化

教科書 p.14 〜 p.15

1 感染症の時代から生活習慣病の時代へ

・第二次世界大戦後，日本の（①　　　　　　　）は，伝染病などの感染症が激減し，人口の高齢化などから，生活習慣病をはじめとする（②　　　　　　　）が中心になっている。

→医療のあり方も，治すことが中心の医療から，予防を含め，病を抱えながら生活する人を支える医療へと変化している。

・生活習慣病……食習慣，運動習慣，休養，喫煙，飲酒などの（③　　　　　　　）が，その発症・進行に関与する疾病群のこと。悪性新生物（がん），心疾患，脳血管疾患など。

2 平均寿命と乳児死亡率

・平均寿命……0 歳の時点での（④　　　　　　　）のこと。日本では，男性81.64歳，女性87.74歳とされている（厚生労働省「簡易生命表（2020年）」による）。日本の平均寿命は国際的にもきわめて高い水準にある。

・乳児死亡率……生後（⑤　　）年未満の死亡率。日本の乳児死亡率は，出生数1,000人に対して（⑥　　）人と世界的に見ても低い。

3 健康寿命と健康格差

・（⑦　　　　　　　）……平均寿命に対して，「健康上の問題で日常生活が制限されることなく生活できる期間」のこと。平均寿命と健康寿命の差は，男性で8.84歳，女性で12.35歳（2016年）。

→健康寿命を伸ばし，（⑧　　　　　　　）との差を縮めていく取り組みが重要。

・健康格差……社会経済的な状況（所得や教育水準，職業や居住地域）による健康の格差。

→個人の生活習慣だけでなく，（⑨　　　　　　　）な環境を改善することで，健康格差を縮小していく取り組みが重要。

4 健康づくりへの取り組み

▶健康日本21

健康日本 21	2000 年に開始された「21 世紀における国民健康づくり運動」のこと。
健康日本 21 （第三次）	（⑩　　　　）年度から行われている，「21 世紀における第 2 次国民健康づくり運動」のこと。2035 年度まで取り組む健康増進対策として進められている。

練習問題

◆次の記述のうち，誤っているものを 1 つ選びなさい。

A　第二次世界大戦後，日本の疾病構造は，感染症が激減し，生活習慣病などの慢性疾患が中心になっている。

B　生活習慣病とは，食習慣，運動習慣，休養，喫煙，飲酒などの生活習慣に起因する病気のことである。

C　日本の乳児死亡率は，出生数1,000人に対して1.9人と世界的にも低くなっている。

D　日本では，平均寿命と健康寿命の差は，女性よりも男性のほうが大きくなっている。

5 人の一生と社会福祉

教科書 p.16～p.17

1 ライフコースの多様化

・社会的存在としての人の誕生から死までの人生の道筋を（①　　　　　）という。

・ライフコースが多様化した理由

　➡産業構造の変化や都市化を背景に，就職や結婚，親になるといったことは，しだいに個人の

　　（②　　　　）であるとみなされるようになったため。

・女性の高学歴化などによって，結婚年齢が上昇➡（③　　　）化

・男女共に結婚しない人が増加➡（④　　　）化

・平均寿命の伸びによって，高齢期の暮らしも多様化している。

2 人の一生と社会福祉の関係

❶就学前・就学期

　・親が就労している場合，安心して過ごすことができ，その健全な発達を支援する場所が必要になる。

　・さまざまな事情によって親の養育を受けることが難しい（要保護児童）場合は，施設や

　　（⑤　　　　）による支援が必要になる。

　・障害がある場合は，特別な支援が必要になる。

❷就労期……正規雇用労働者と比べて賃金の低い非正規雇用労働者の割合が増加している。

　➡所得格差が拡大し，（⑥　　　　　）や生活支援が必要な人が増えている。

❸結婚・子育ての時期

　・女性が安心して（⑦　　　　）できるしくみや，子育てに関する悩みを解消できる相談や支援のしくみが求められる。

　・（⑧　　　　　）世帯に対して，特別な支援が必要になる場合もある。

❹高齢期……医療や（⑨　　　）などの支援が必要になる。

❺一生を通じて

　・病気になった時に適切な医療を受けることができるようにする医療制度がある。

　・経済的に困窮した場合は，健康で（⑩　　　　）な最低限度の生活を保障するための制度（生活保護制度）がある。

3 参加する福祉

・私たち一人ひとりが福祉の受け手だけではなく（⑪　　　　　）となることが求められている。

✎練習問題

◆次の記述が正しければ〇，誤っていれば×をつけなさい。

　A　社会的存在としての人の誕生から死までの人生の道筋のことをライフサイクルという。

　B　晩婚化とは，女性の高学歴化などによって，結婚年齢が上昇することをいう。

　C　経済的に困窮した場合などは，年齢や理由にかかわりなく，「生活補助制度」がある。

　D　社会福祉の問題は，私たち一人ひとりが活動に参加したり，共に考えたりする必要がある。

A		B		C		D	

第2章

社会福祉の理念

年　　　組　　　番　　　名前

検印

1 現代の福祉理念　　教科書 p.18～p.19

1 人権の尊重

・基本的人権の尊重……福祉の最も重要な理念のひとつ。基本的人権の尊重は，（①　　　　　　　　　）において，国民主権，平和主義と並び，3つの基本原理のひとつとされている。

▶人権の擁護と尊重に関する世界の動き

1948年	（②　　　　　　　　　　　）……第二次世界大戦の反省を踏まえ，世界共通の理念として，人権の擁護と尊重の重要性について明らかにした。
1951年	難民条約
1965年	人種差別撤廃条約
1966年	（③　　　　　　　　　　　）……1948年の世界人権宣言の内容をより具体的かつ法的に有効とすることを目的としている。
1979年	女子差別撤廃条約
1989年	児童の権利に関する条約（（④　　　　　　　　　　））
2006年	障害者の権利に関する条約（（⑤　　　　　　　　　　））

2 QOL（生活の質）

　Quality of Lifeの略。各人が人間らしい生活や（⑥　　　　　　　　）生活を送り，人生に（⑦　　　　　）を見いだしているかに注目する概念。

→福祉分野では，福祉サービスを利用する人々の自己実現による（⑧　　　　　）の維持・向上をめざして支援が行われる。

3 ノーマライゼーション

　（⑨　　　　　）の有無や程度に関係なく，すべての人々が自らの希望する環境・条件で社会生活を送ることをめざす考え方。

→ノーマライゼーションの実現には，（⑩　　　　　　　　　　）やユニバーサルデザインの普及に加え，自立支援や権利保障の推進が重要。

4 共生の理念

・共生……人格と（⑪　　　　　）を尊重し支えあい，人々の多様なあり方を認めあうこと。
・人々の多様なあり方を尊重しあう，全員参加型の社会を（⑫　　　　　　　）という。

🖉練習問題

◆次の記述のうち，正しいものを1つ選びなさい。

A　日本国憲法では，児童の人権の尊重が，国民主権，平和主義と並び，3つの基本原理のひとつとされている。

B　ノーマライゼーションとは，性別にとらわれず，人々の多様なあり方を認めあうという考え方である。

C　ユニバーサルデザインとは，高齢者や障害のある人にとって使いやすいようにつくられた製品などのデザインをいう。

D　共生や共生社会の実現には，多様性の尊重やソーシャル・インクルージョン，社会参加が重要な要素となる。

2 日本国憲法と社会福祉

教科書 p.20 〜 p.21

1 日本国憲法と基本的人権

◎日本国憲法……1947年施行。基本的人権について規定している。

・憲法第11条……国民の（①　　　　　　　　）を「侵すことのできない永久の権利」としている。

・憲法第13条……個人の尊重と幸福追求に対する国民の権利について最大限の尊重を規定している。→こんにちにおいて（②　　　　　　　）と呼ばれる。

　→プライバシー権などの（③　　　　　　　）を保障する根拠とされている。

・憲法第14条第1項……すべて国民は，法のもとに（④　　　　　）で差別されないとしている。

▶日本国憲法における基本的人権

❶自由権	（⑤　　　　　　　　　）・苦役からの自由，思想・良心の自由，信教の自由，居住移転の自由・職業選択の自由など
❷参政権	選挙権，最高裁判所裁判官の（⑥　　　　　　　　）
❸社会権	生存権，（⑦　　　　）を受ける権利，勤労の権利，労働基本権など

2 憲法第25条の意義

・憲法第25条第1項……「すべて国民は，健康で文化的な最低限度の生活を営む権利を有する」と規定され，（⑧　　　　　）の生活（水準）は国民の権利であることが明記されている。

　→社会権の一部として（⑨　　　　）と呼ばれている。

・憲法第25条第2項……「国は，すべての生活部面について，社会福祉，社会保障及び公衆衛生の向上及び増進に努めなければならない」と規定している。

・生存権を含む社会権は，（⑩　　　　　　　）や福祉六法，介護保険法，障害者総合支援法などの基本的理念にも影響を与えている。

3 福祉国家・福祉社会をめざして

・1950年代から1970年代初めまで，欧米の先進諸国や日本では，国民のナショナル・ミニマム（最低限度の生活）保障を志向する（⑪　　　　　　　）の構築・充実をめざした。

・1980年代以降，国による生活保障に加え，住民や民間組織による福祉活動などをより重視する（⑫　　　　　　）の実現が求められるようになった。

練習問題

◆次の記述が正しければ〇，誤っていれば×をつけなさい。

A　すべての人が生まれながらに「人間である」という事実にもとづいて持っている権利を基本的人権という。

B　生活が困難に陥った時の最低限度の生活（水準）は，憲法第25条によって保障されている。

C　生存権を含む自由権は，社会福祉と深い関係にあり，社会福祉法などに影響を与えている。

D　欧米の先進諸国や日本では，第二次世界大戦前まで，福祉国家の構築・充実をめざしていた。

A		B		C		D	

3 地域生活と社会福祉 　　　　　教科書 p.22〜p.23

1 安心して暮らし続けるために

・こんにちの社会福祉は，すべての人々が（①　　　　　　　）地域で安心して暮らし続けていくことをめざしている。

→個人や家族だけで実現できるものではなく，複数の支えあいや社会福祉・（②　　　　　　　　）を組み合わせることで，安心して暮らしを続けていくことができる。

▶支えあいのしくみ

❶自助	・社会生活において自分のことは自分でする。 ・日々の生活を（③　　　　　　）する。 ・家族・親族で助けあう。	例 ・家族・親族どうしの助けあい
❷共助	・近隣住民や（④　　　　　　　　　　）における助けあいの活動。	例 ・町内会・自治会活動
❸公助	・法律と行政責任にもとづく社会福祉。 ・（⑤　　　　　　　）による支援・給付・サービス。	例 ・高齢者介護サービス

2 地域包括ケアシステムと地域共生社会

◎地域包括ケアシステム……高齢者などが，可能な限り住み慣れた地域で生活を継続することができるような（⑥　　　　）な支援・サービス提供体制のこと。

・地域包括ケアシステムでは，支えあいを「自助」「（⑦　　　　）」「共助」「公助」の4つから説明している。

・生活の基盤として必要な（⑧　　　　　）を整備・確保する。

・高齢者が住み慣れた地域において，適切な医療，（⑨　　　　　），生活支援・介護予防などの専門的サービスや支援を受けながら，自分らしい暮らしを続けることができるような体制を整備する。

◎地域共生社会……（⑩　　　）を中心としたすべての関係者が地域における生活課題に関心を持ち，総合的に対応できるような相談支援体制を備えることで実現可能となる。

→地域共生社会を実現するために，（⑪　　　　　　　　　　　）は重要な取り組みとなる。

✎練習問題

✦次の記述のうち，正しいものを1つ選びなさい。

A　支えあいのしくみのうち，町内会や自治会活動，地域の住民によるボランティアや見守り活動のことを公助という。

B　支えあいのしくみのうち，生活保護などの公的機関の支援を受けることを共助という。

C　地域包括ケアシステムは，住み慣れた地域で適切な医療，介護などの専門的サービスや支援を受けながら，高齢者が自分らしい暮らしを続けることができる体制を整備するものである。

D　地域共生社会を実現するためには，これまでどおりに分野・対象者別に縦割りによる支援を進めることが重要である。

第3章

人間の尊厳と新たな福祉社会の創造

年　　　　組　　　　番　　　　名前

検印

1 人間としての尊厳

教科書 p.24 〜 p.25

1 人間の尊厳

◎人間の尊厳……人が個人として（①　　　　　）され，何にもまさる価値を持つことを意味する。

→戦争，暴力，差別，虐待などによって，人間の尊厳が踏みにじられることがある。

◎世界共通の普遍的価値である人間の尊厳

・国際連合憲章……「（②　　　　　　　）と人間の尊厳及び価値と男女及び大小各国の同権とに関する信念をあらためて確認」するとして，人間の尊厳を基本原理としている。

・世界人権宣言……「すべての人間は，生れながらにして自由であり，かつ，尊厳と権利とについて（③　　　　）である」と定めている。

・日本国憲法第13条……「すべて国民は（④　　　　）として尊重される」ことを明記している。

2 尊厳を重視したケア

・（⑤　　　　　　　　）という普遍的価値は，社会生活において何らかの困難や生きにくさ，生活課題を抱える人々への支援やケアにおいても基盤となる。

・社会的に弱い立場にある人は，人間の尊厳が損なわれやすい状況にある。

→社会福祉法や（⑥　　　　　　　）などの福祉関係法の目的や理念のなかで，尊厳について示されている。

3 自立とは

・自立とは

「他の助けや支配なしに自分一人の力だけで物事を行うこと。ひとりだち。独立。」(大辞林による)

→身体的自立，心理的（精神的）自立，社会的自立，経済的（職業的）自立など。

・社会福祉における自立……心身の障害などにより，社会生活上の困難を抱えている人々が，（⑦　　　　）にもとづき生活を営むという意味だけでなく，介護サービスなどの利用の有無や内容について自己選択・（⑧　　　　　　）を行い，就労その他の（⑨　　　　　　）などを通じて自分らしい人生を追求すること。

→（⑩　　　　　　）をはかることも含まれている。

✏️練習問題

◆次の記述が正しければ○，誤っていれば×をつけなさい。

A　人間の尊厳とは，人が個人として尊重され，何にもまさる価値を持つことを意味する。

B　人間の尊厳は，日本固有の普遍的価値であり，日本国憲法にも明記されている。

C　社会福祉法や障害者基本法などの福祉関係法の目的や理念のなかで，個人の尊厳について示されている。

D　社会福祉における自立とは，身体的自立や経済的自立のことだけをさす。

A		B		C		D	

2 自立生活支援

教科書 p.26 〜 p.27

1 自立生活支援とは

◎自立生活……自身の持っている力を支援によって発揮すること（（①　　　　　　　　　　））や，他者からさまざまなサポートを受けること，福祉サービスなどを利用することによって実現が可能となる。

◎自立生活支援……社会生活上の困難や生きにくさを抱えている人々が，住み慣れた地域で（②　　　　　　　）ができることをめざして行われる支援。

→ADLの向上のみならず，（③　　　　　）の維持・向上という視点がきわめて重要。さらに，利用者本位の自立生活支援が求められている。

・ADL……（④　　　　　　　　　）のこと。日常生活を送るために最低限必要な日常的な動作をさす。起居動作，移乗・移動，食事，更衣，排せつ，入浴，整容など。

◎自己選択・自己決定の尊重……福祉専門職などの支援者には，利用者の生活や人生に対する希望や思いをしっかり受けとめ寄り添うこと，さらには利用者の（⑤　　　　　　　　　　　）を最大限尊重する姿勢が求められる。

2 自立生活支援の実現に向けて

・自立生活支援のあり方……社会や（⑥　　　　　　）の変化に対応する必要がある。

→障害者や低所得者などへの支援においては，日常生活のケアのみならず，個々の希望や能力に応じた（⑦　　　　　　　）が重要になっていくと考えられる。

・科学技術と介護……科学技術の進歩によって福祉・介護現場における（⑧　　　）（人工知能）や（⑨　　　）（情報通信技術），（⑩　　　　　　　）の導入・活用も進められている。

・意思決定支援……利用者本位の理念を踏まえた（⑪　　　　　　　）を行うためには，権利擁護の視点から利用者への情報提供が不可欠である。

練習問題

◆次の記述のうち，誤っているものを1つ選びなさい。

A　自助によって身体的・心理的・経済的に自立していなければ，自立生活を実現することはできない。

B　自立生活支援においては，ADLの向上だけでなく，QOLの維持・向上という視点がきわめて重要である。

C　科学技術の進歩によって，福祉・介護現場におけるAIやICT，介護ロボットの導入・活用が進められている。

D　自立生活支援にとって，利用者本位の理念を踏まえた意思決定支援は重要なテーマであり，認知症などによって判断能力が十分でない人の意思決定を支える支援がいっそう求められる。

3 新たな福祉社会の構築に向けて

教科書 p.28〜p.29

1 求められる福祉社会

◎福祉社会……一般には，人々がすこやかで（①　　　　　　　　）を保障された社会，また，その充
実・増進を積極的に追求する社会をさす。

◎福祉社会の三つの側面

❶日本国憲法に規定されている（②　　　　　　　　）がすべての個人に保障され，個人がその権利を
行使することができる社会。

❷地域あるいは社会に暮らす人々が（③　　　　　）を尊重し，互いに認めあいながら（④　　　　　）
できる社会（共生社会）。

❸人々が支える側と支えられる側に固定されることなく，それぞれが持っている知識や経験，能力
を発揮しながら（⑤　　　　　）社会。

◎新たな福祉社会の構築

→社会的排除の除去をめざし，「全ての人々を孤独や孤立，排除や摩擦から援護し，健康で文化的
な生活の実現につなげるよう，社会の構成員として包み支え合う」理念である
（⑥　　　　　　　　　　　　　　）（社会的包摂）の実現に向けた取り組みが重要。

・（⑦　　　　　　　）……何らかの要因で社会参加ができず，社会の周縁に追いやられていく状況。

2 福祉社会を担う人々

・新たな福祉社会の構築に向けて，行政，専門職，（⑧　　　　　　　）等の連携・協働による取り組み
が不可欠である。

3 福祉社会の構築に必要なボランティア活動

・ボランティア活動……個人の自発的な意思にもとづく（⑨　　　　　）な活動であり，これからの福
祉社会の構築にとって大きな意味を持つ。

・ボランティア活動の推進……社会福祉協議会（社協）や（⑩　　　　　　　　　　　　　　）と
いった専門機関・専門人材が大きな役割を果たす。

✏️練習問題

◆次の記述が正しければ〇，誤っていれば×をつけなさい。

A　新たな福祉社会の構築においては，社会的排除の除去をめざし，ソーシャル・インクルージョ
ンの実現に向けた取り組みが重要である。

B　社会福祉法第4条には，福祉社会の担い手は国および地方自治体であると明記されている。

C　ボランティア活動は個人の自発的な意思にもとづく自主的な活動であり，専門機関や専門人材
との連携・協働のもとで行われるものではない。

D　ボランティアコーディネーターとは，ボランティア活動への参加を希望する人のニーズと，ボ
ランティア活動を必要とする人のニーズの間に立ち，調整を行うスタッフのことをいう。

A		B		C		D	

諸外国における社会福祉

年　　　組　　　番　　　名前

検印

1 社会福祉の歴史

教科書 p.36 ～ p.37

1 産業化と社会問題の発生

・16世紀までの西欧社会は，基本的に農耕社会であり，人々の生活は，本人の（①　　　　　　）と家族の（②　　　　）によって維持されていた。

・（③　　　　　　）の助けあいや（④　　　　）組織による援助活動も人々の生活を支えた。

・産業化・工業化の進行→生活が困窮した人々の問題が顕在化。貧困者対策が進められた。

2 自己責任論から社会責任論への転換

・19世紀末ごろまでは生活苦は（⑤　　　　　　　）であり，本人の努力不足や浪費が原因だと考えられていた。

　→20世紀に入ると，貧困問題が発生するメカニズムが明らかになり，自己責任論が見直された。

◎フランス革命などを経て広まった人権の思想から，社会福祉の権利が定着した。

社会福祉の権利	・（⑥　　　　　）（専制君主の支配からの自由を求める権利）とともに，（⑦　　　　　）（国に対して支援を求める権利）が提唱されるようになった。 ・イギリスの（⑧　　　　　　）により，（⑨　　　　　　　　　　）（最低限度の生活水準）を国家が保障すべきであるという考え方が提唱された。

3 社会福祉の担い手の多様化

・中世の宗教組織による個人への援助活動は，慈善活動家や民間の慈善組織に引き継がれた。

・20世紀半ば以降，各国でナショナル・ミニマムを保障するための公的な社会福祉のしくみが整えられた。

　→しくみを体系的に整備した国は，（⑩　　　　　　）と呼ばれる。

・地域のボランティアなどの民間の社会福祉活動もさかんになった。

4 生活問題の多様化と社会福祉のしくみの進歩

・かつては，生存がおびやかされるような貧困への対応が社会福祉の課題であったが，子育てや介護などの多様な生活問題が発生し，社会的な支援が必要となった。

　→生活困窮者に対する食事の提供，施設での保護，就労支援などの公的な救済制度が生まれ，公的扶助として現代に続く。

・20世紀になると，貧困の事後的な救済（（⑪　　　　　））ではなく，貧困を予防する（⑫　　　　　）のための施策が重視されるようになった。

　→民間の労働者の相互扶助から，社会保険という国レベルのしくみへと進化。（⑬　　　　）や医療保険制度がつくられることとなった。

✐練習問題

◆次の記述が正しければ〇，誤っていれば×をつけなさい。

A　フランス革命を経て，国に対して支援を求める権利として自由権が提唱された。

B　イギリスのウェッブ夫妻は，ナショナル・ミニマムを提唱し，民間による生活困窮者の援助の必要性を説いた。

C　福祉国家とは，公的な社会福祉のしくみを体系的に整備した国のことである。

D　20世紀になると，救貧から，貧困を予防する防貧の施策が重視されるようになった。

A		B		C		D	

1 救貧法

◎1601年　（①　　　　　　　　　　　　）が成立し，地域社会での貧困対策を（②　　　　　　）の取り組みとして集約した。

　　　・地域の教会の教区を救貧行政の基本単位とした。
　　　・制度の運用の財源として地域に（③　　　　　　　）を課税。
　　　・対象者を「児童」，「労働可能な貧民」，「労働不能な貧民」に区分。
　　　・救済，治安対策，労働力活用の場として（④　　　　　　　　　　　）（労役場，救貧院）を用いた。
　　　　地方によって運用方法が異なることもあった。
　　・19世紀，（⑤　　　　　　　）の時代……経済が発展する一方で大量の貧困者が生まれた。

◎1834年　救貧法の改正

　　　・制度のしくみや水準を全国的に統一。
　　　・救済を受けている者の生活水準を，救済を受けずに生活している労働者以下の状態にするという原則（（⑥　　　　　　　　　　））を徹底。
　　　・救済を求める者は基本的にワークハウスに入所し，厳しい労働や生活管理が行われた。

2 民間慈善活動の発展

・19世紀，民間の篤志家・慈善家による救済活動を調整するため（⑦　　　　　　　　）（COS）が設立された。→救済活動の効率化がはかられ，活動が拡大した。

・19世紀後半，大学関係者らが都市部の貧困地域に住みこんで実態調査を行い，教育や生活の援助を行うようになった。この活動は（⑧　　　　　　　　　　）と呼ばれる。

3 福祉国家の登場

◎1942年　（⑨　　　　　　　　　　　　　　　　　）（ベヴァリッジ報告）が発表された。

・窮乏，疾病，無知，不潔，怠惰を社会における５つの悪と考え，包括的な社会保障制度の整備を提言した。

・ベヴァリッジは個人の自助努力，自発的な生活保障への取り組みの必要性や，最低水準以上の生活のための任意保険の役割も論じた。

・国民保険法（1946年）　国民保健サービス法（1946年）　⑩　　　　　　　　　　（1948年）　などが制定された。

　→「（⑪　　　　　　　　　　　）」と称される現代福祉国家の体系が整備された。

✎練習問題

◆イギリスにおける社会福祉に関する次の記述のうち，正しいものを１つ選びなさい。

　A　1601年に制定された救貧法は，富裕層から徴収される救貧税を財源に運用された。

　B　1834年に救貧法が改正され，救済を受けている者の生活水準を，救済を受けずに生活している労働者以下の状態にすることを徹底した。

　C　慈善組織協会（COS）は世界の国々のなかでイギリスだけで設立された組織である。

　D　1942年に発表されたベヴァリッジ報告では，貧困，疾病，浪費が３つの悪とされた。

3 イギリスにおける社会福祉の発展(2)福祉国家の再編と改革 　教科書 p.40 ～ p.41

1 戦後の福祉国家のあゆみ

◎1960年代……産業構造の変化や国際的な競争力の低下により，完全雇用の状態が失われていった。

・社会問題の研究者（①　　　　　　　　　　　　　）は，戦後の生活水準に合わせて貧困の基準も上昇すること，格差が拡大することによって相対的な貧困は増加していると論じ（「貧困の再発見」），特に子どもの貧困への関心が高まった。

・1968年，（②　　　　　　　　　　）→1971年に（③　　　　　　　　　　　　　）が施行。それまで，児童，高齢者，障害者などに分離されていた福祉サービスの体制は，地方自治体の社会サービス部に一元化され，（④　　　　　　　　　　　）が設置されることになった。

2 サッチャーによる福祉国家改革

◎1970年代，経済が低迷。福祉国家としての危機が指摘された。

◎1980年代……（⑤　　　　　　　　　）首相（1979～1990年在任）による大胆な福祉国家改革が実施された。国家の役割の縮小と「（⑥　　　　　）」の重要性が強調された。

　　┌・鉄道，電話などの公的部門が保有していた組織を民営化。
　　└・富裕層への減税，社会保障給付の削減，公営住宅の売却など民営化政策を推進。

3 コミュニティケア改革

・サッチャーの時代に，民間組織の役割を重視した多元的な福祉サービスのしくみが求められるようになった（（⑦　　　　　　　　　　））。

・施設に入所するのではなく，地域で生活できるように支援する（⑧　　　　　　　　　　）の考え方が広まった。

　　┌・1988年，コミュニティケアについて（⑨　　　　　　　　　　）がまとめられた。
　　│・1990年，（⑩　　　　　　　　　　　　　　　　）制定。（⑪　　　　　　　　　　　　）のしくみ
　　│　がつくられた。
　　└・NHS（国民保健サービス）……1948年に導入されたイギリスの医療制度。

4 ブレア政権と第三の道

◎1990年代後半……（⑫　　　　　　　　）首相（1997～2007年在任）は「（⑬　　　　　　　　）」にもとづく新たな福祉国家のシステムを提案した。

・貧困を（⑭　　　　　　　　　）の問題としてとらえた。

・1999年，「2020年までに（⑮　　　　　　　　　　）を撲滅する」という最終目標を掲げ，保育の拡大や児童手当の拡充など多様な政策を展開した。

✐練習問題

✦イギリスの社会福祉について，次の記述が正しければ○，誤っていれば×をつけなさい。

A　地方自治体社会サービス法の施行により，福祉サービスの体制は地方自治体の社会サービス部に一元化された。

B　サッチャー首相は，福祉サービスの分野において国家の役割を重視した。

C　グリフィス報告は，日本のケアマネジメント，ケアプランなどのモデルとなっている。

D　ブレア首相は，国家による福祉を重視する「第三の道」にもとづく新たな福祉国家のシステムを提案した。

A		B		C		D	

1 **ソーシャルワークの起源**

◎20世紀前半まで，アメリカの社会福祉は，イギリスの慈善事業の影響を受けて発展。

・1870年代に（① 　　　　　　　　）（COS）が各地で創設された。

・COSで活躍していた（② 　　　　　　　　　　　　）は「社会診断」（1917年）や「ソーシャルケースワークとは何か」（1922年）を発表し，社会福祉の援助技術の体系化に努めた。

・（③ 　　　　　　　　　　）は，イギリスのセツルメント運動の影響を受け，シカゴのハルハウスを拠点に運動を展開した。

2 **社会保障制度の登場**

◎（④ 　　　　　　　　　　　　　　）……ローズヴェルト大統領による失業対策。

・1933年に公共事業局を設置。各地で公共事業による失業対策を実施。

◎（⑤ 　　　　　　　　　）……1935年制定。連邦政府が担う形で，社会保険，公的扶助，社会福祉サービスの整備が行われた。

3 **公民権運動と福祉改革**

◎1960年代以降，（⑥ 　　　　　　　　）という，人種差別の解消などの社会改革を求める声が高まり，社会福祉にも波及。

・貧困問題に対する積極的な取り組み（（⑦ 　　　　　　））の実施。

・児童に対する現金給付（AFDC）の拡大。

・食料扶助のプログラム（フードスタンプ）の導入。

・メディケア（高齢者医療制度）とメディケイド（医療扶助制度）の導入。

・障害当事者による権利を求める声が高まり，（⑧ 　　　　　　　　）（IL運動）として国際的に拡大。

→1990年，障害を理由とする差別を禁止する（⑨ 　　　　　　　　　　　）（ADA）制定。

◎1980年代になると（⑩ 　　　　　　　）的な改革が行われた。

・新自由主義……社会や経済のあり方について，個人の自由と選択，自己責任と市場の役割を重視する考え方。

4 **医療保障の問題**

・アメリカ社会では「（⑪ 　　　　）」の考え方が重視されており，ヨーロッパや日本のように（⑫ 　　　　　　）を対象とする公的な医療保障制度を持たない。

→民間の医療保険に加入できない低所得の人たちは十分なサービスを受けられないこともある。

✏️**練習問題**

◆アメリカの社会福祉に関する次の記述のうち，誤っているものを１つ選びなさい。

A　メアリー・リッチモンドは，シカゴのハルハウスを拠点にセツルメント運動を展開した。

B　ローズヴェルト大統領が行った失業対策は，ニューディール政策と呼ばれる。

C　1960年代以降，公民権運動が活発になり，黒人などの生活問題にも関心が集まった。

D　アメリカには，国民全体を対象とする公的な医療保障制度がない。

5 北欧の社会福祉（スウェーデン，デンマーク）

1 スウェーデン：後発工業国から先進福祉国家へ

◎19世紀から20世紀初頭……約100万人が海外に移住するほど貧しい農業国であった。

→20世紀になり，工業化が進むなかで，社会政策の改革が行われた。

・1913年，（①　　　　　　　　　）制定。対象を労働者だけでなく，全国民とした。

・1920年代，「（②　　　　　　）」と呼ばれる構想が登場。社会経済発展の基盤となった。

→雇用の確保，社会保障制度の整備，経済的な平等，民主主義の確立によって，社会の格差を是正し，国を安定させ，経済を発展させていこうとする構想。

・1930年代以降，社会民主労働党によって社会福祉制度の整備が進められた。

・1970年代の石油ショックの際は大きな影響を受けるが，労働者，企業，政府の合意を重視し，従来の（③　　　　）な福祉を中心としたシステムが維持されてきた。

2 普遍主義とノーマライゼーション

◎スウェーデンやデンマークの社会福祉の特徴

・税金を財源として格差を是正しつつ，国民全員を対象に福祉サービスを提供する（④　　　　　　　　）のシステムを発展させた。

・国民の生活不安を解消し，社会全体の安定をもたらすことを突き詰めた結果として（⑤　　　　　　　　）のシステムになった。

・（⑥　　　　　　　　　　　）という考え方が，北欧発の社会福祉の理念としてある。障害のある人たちをとりまく社会の現状を変えていくことをめざす理念。

→差別や隔離を排除し，「参加」「平等」「包摂」「共生」をめざす社会福祉の考え方の基盤。

3 地方分権化と在宅福祉

◎北欧諸国の先進的な取り組みとして，（⑦　　　　　　　　　）の推進がある。福祉施設への入所を前提とせず，サービスを利用しながら地域での生活を維持することをめざす。

〈スウェーデンの取り組み〉

・1980年，（⑧　　　　　　　　　）制定。社会福祉のサービスは，（⑨　　　　　　　　　）が責任を持つことになった。

・1992年，（⑩　　　　　　　　　）実施。高齢者の施設サービスの権限を基礎自治体（コミューン）に移し，医療サービスなどと連携してサービスを実施することになった。

・1999年，最低保障年金と所得比例年金を組み合わせた（⑪　　　　　　　　　　　　　）が行われた。

✏️練習問題

✦次の記述のうち，誤っているものを１つ選びなさい。

A　スウェーデンやデンマークの社会福祉の特徴は，サービスの対象者を限定せず国民全員とする普遍主義のシステムを発展させたことである。

B　ノーマライゼーションは，デンマークのバンク-ミケルセン，スウェーデンのニィリエらによって発展した。

C　スウェーデンの社会サービス法では，国が社会福祉サービスを実施することが明記された。

D　北欧諸国の先進的な取り組みとして，在宅福祉の推進がある。

6 ヨーロッパ大陸諸国の社会保障（ドイツ，フランス）

教科書 p.46 〜 p.47

1 ドイツの社会保障

◎19世紀半ば，（①　　　　　　　　　　　　　） がつくられた。

・エルバーフェルトシステム……1850年代にドイツのエルバーフェルト市で始まった地域の市民ボランティアによる貧困家庭への援助活動。地域で任命された救貧委員が，定期的に貧困家庭を訪問し，支援を行った。

→日本の（②　　　　　　　　　） に影響を与える。

◎19世紀後半，（③　　　　　　　　） により社会保険制度が導入された。

1883 年	工場労働者を対象とする健康保険
1884 年	労働災害保険
1889 年	年金制度（老齢廃疾保険）

◎20世紀

・1911年，帝国保険法制定。工場労働者以外にも社会保険制度が適用された。

・1919年，（④　　　　　　　　　） 制定。（⑤　　　　　　） が規定され，国民に対する生活保障が国家の基本法に明示された。

・1930年代の大恐慌の時代，大失業や社会不安に社会保険制度は対応できなかった。

→戦後，社会保険制度は再興された。

・1994年，（⑥　　　　　　　　） 導入。

◎ドイツの社会保障制度の特徴……（⑦　　　　） 別に構築された社会保険制度を中核としていること。中世以来の職域別の職人・労働者の自治の考え方が根強いことが背景にある。

2 フランスの社会保障

・1946年，（⑧　　　　　　　　　） と呼ばれる社会保障計画を発表。ドイツと同様に職域別の社会保険制度を構築。

・フランスの社会保障制度の理念として，（⑨　　　　　　　　） という言葉が用いられる。現代の貧困や社会的排除の問題に対応するための制度として，働くことと社会福祉を結びつけた政策がとられる。

・1990年代以降，子育ての費用を社会的に負担するために家族手当を充実させ，少子化に歯どめをかけた。

→保育サービス，育児休業，労働時間の制限など，出産・育児と就労の両立支援策を進める。

・フランスは積極的に（⑩　　　　　） を展開してきた国のひとつとして，少子化問題に悩む国から注目されている。

✎練習問題

◆次の記述のうち，誤っているものを 1 つ選びなさい。

A　ドイツのエルバーフェルトシステムは，日本の民生委員制度に影響を与えた。

B　ドイツでは，職域別に構築された社会保険制度が社会保障制度の中核となっている。

C　フランスのラロックプランは地域別の社会保険制度を構築する計画である。

D　フランスでは，家族政策に力を入れており，少子化に歯どめがかかっている。

7 アジアの少子高齢化と社会福祉の課題 教科書 p.48～p.49

1 アジアの社会福祉
・韓国や中国は，日本と同様，経済発展と社会福祉制度の整備，（①　　　　　　　　　）の歴史をたどる。
・一方，依然として貧困，高い（②　　　　　　　　　）などの課題を抱える国もある。背景には，
　（③　　　　　　），経済格差，自然災害，国内の政治的紛争や民族対立，国際紛争などの問題がある。

2 韓国の社会福祉
・1960年代，社会保障制度の整備が始まる。
・1970年代以降の経済発展を背景に，社会保険制度の対象の拡大，社会福祉制度の整備が進む。
・1990年代末までに国民皆保険・皆年金の体制が整い，国民基礎生活保障法が制定される。
・2008年，（④　　　　　　　　　　）（日本の介護保険に当たるもの）を導入。
・福祉センター（福祉館）を拠点とした地域福祉や，子どもの貧困対策も進められる。
・2019年には，合計特殊出生率が先進国のなかで最も低い（⑤　　　　　）となり，今後，人口の急速な
　少子高齢化が予測されている。

3 中国の社会福祉
◎中国では，1949年の中華人民共和国建国以来，共産主義・計画経済のシステムがとられる。
　→1980年代，（⑥　　　　　　）の考え方を取り入れ，改革・開放路線のもと経済大国となる。
◎中国の社会保障制度……都市部を中心とした国有企業改革と同時に整備される。
　・1990年代末から，失業保険制度が導入され，また年金制度改革や医療保険制度改革により都市部
　　の被用者を対象とする形に拡大される。
　・公的扶助制度として，都市最低生活保障制度が導入される。
　　→経済開発の進む都市部，沿岸部に対し，地方・農村部の生活課題の改善と格差の是正が課題と
　　　なる。
◎（⑦　　　　　　　　）により，1970年代以降2015年まで子どもの数が厳しく制限される。
　→人口の急速な少子高齢化が予測されている。

4 介護労働力の移動
◎少子化の進む日本では，労働力の不足が深刻化。介護分野でも外国人労働者の受け入れが進む。
　・（⑧　　　）（経済連携協定）にもとづき，2008年以降，インドネシア，フィリピン，ベトナムか
　　ら外国人介護福祉士候補者の受け入れが始まり，（⑨　　　　　　　　）の資格を取得し，介護の業
　　務に従事する人が増加。
　・（⑩　　　　　　　　　）などにより介護の仕事に従事する外国人が増加。

練習問題
◆次の記述が正しければ○，誤っていれば×をつけなさい。
　A　アジアでは，日本と韓国でのみ，急激な少子高齢化が社会問題となっている。
　B　韓国の老人長期療養保険制度は，日本の介護保険に当たる制度である。
　C　中国では，都市部と地方・農村の，経済や生活の格差が問題となっている。
　D　日本では，インドネシア・タイ・ベトナムからの外国人介護福祉士候補者の受け入れが始まり，
　　介護福祉士の資格を持つ外国人が増えている。

A		B		C		D	

第 1 章　諸外国における社会福祉　**19**

第2章

日本における社会福祉

年　　　組　　　番　　名前

検印

1　近代社会福祉の黎明期

教科書 p.50 〜 p.51

1　近隣相扶と恤救規則

・江戸時代，生活上の相互扶助は家や町・村などの共同体によって行われ（（①　　　　　）），共同体の扶助からもれた者に対して，また大飢饉などの時のみ領主からの救済が行われた。

・1874年，日本初の公的な救済制度である（②　　　　　）が制定されたが，生活困窮者の救済は，それまでと変わらず地域の相互扶助に任され，身寄りのない困窮者のみを政府が救済することとされた。

2　慈善事業の起こり

慈善事業

・江戸時代以前から，寺院などの宗教者や篤志家が，共同体の扶助からもれた者を救済。

・明治期には西欧の影響を受けて，（③　　　　　）による事業が展開された。孤児の養育，貧困妊婦の保護を行う育児事業，不良少年を保護教育する（④　　　）事業がなされ，障害児施設などが創設された。

3　資本主義の発展と社会問題の発生

・1890年ころから資本主義が発達すると共に，農村部では地主と小作農の二極化が生じた。また，下層農民の都市への流入，職人層の窮乏化による都市の（⑤　　　）（貧困層が居住する過密で不衛生な地区）の発生，伝染病の蔓延などの社会問題が起き，また大災害も発生した。

→宗教家・篤志家たちによる新たな慈善事業として，施設が設立された。

宗教家・篤志家	施設名	内容
石井十次	（⑥　　　　）	災害孤児などの受け入れ
留岡幸助	（⑦　　　　）	感化事業
片山潜	（⑧　　　　）	スラム地区での困窮者支援（セツルメント事業）
野口幽香ら	（⑨　　　　）	保育事業
石井亮一	（⑩　　　　）	知的障害児施設

4　社会主義への防波堤としての感化救済事業

・1904年の日露戦争後から第一次世界大戦後にかけて（⑪　　　　）思想が広がり，労働争議，小作争議が頻発。

→危機感を持った政府は慈善事業を（⑫　　　　　）と改称し，社会主義への防波堤として育成をはかるため講習会などを行ったが，運営費の公的補助はなく，近隣相扶の原則が第一義とされたままであった。

練習問題

◆次の記述が正しければ○，誤っていれば×をつけなさい。

A　日本で最初にできた公的な生活困窮者への救済制度は恤救規則である。

B　石井亮一は東京家庭学校を設立し，非行少年の感化事業を行った。

C　石井十次によって創設された岡山孤児院は災害孤児などを受け入れた。

D　感化救済事業とは，税金で行われる，政府が運営する事業である。

A		B		C		D	

2 社会事業の成立と発展

1 社会主義対策としての社会立法

・1900年以降の社会主義運動の高まりに対して，政府はこれを厳しく弾圧する一方，1911年に
（①　　　　　　）を制定し，労働者保護への取り組みも始めた。

・第一次世界大戦後，経済恐慌，（②　　　　　　），小作争議などにより社会不安が高まった。

→政府はあいついで（③　　　　　　）を行った。

　職業紹介法（1921年），健康保険法（1922年），小作調停法（1924年），
　労働争議調停法（1926年），公益質屋法（1927年）など。

・1925年，（④　　　　　　）を制定し，治安対策を強化。

2 社会連帯としての社会事業の成立

・政府は貧困を社会的な理由による（⑤　　　　　）とみなし，その解決に（⑥　　　　　　）の観
念を強調。

→感化救済事業を（⑦　　　　　）と改称。

3 方面委員制度の制定

◎1918年，こんにちの（⑧　　　　　　　）の前身である，（⑨　　　　　　　）を開始。

方面委員制度	・地主や成功した自営業者などが，無給の方面委員として知事から委嘱された。 ・方面委員は方面（地区）を担当し，貧困住民の調査，行政と連携しての相談，援助を行った。 ・市町村に方面事務所，方面書記を配置。

→大阪で始まった方面委員制度は，その後10年程度で全都道府県に普及。1936年の方面委員令により法定化。この制度は市民のボランタリズムにもとづく実践で，（⑩　　　　　　）の先駆であると同時に，豊かな層と貧しい層の相互理解により治安維持をはかるねらいを持って整備された。

4 セツルメントや協同組合の普及

◎（⑪　　　　　　　　）の広がり

・セツルメント運動……知識のある大学生，牧師などが（⑫　　　　　　）に住みこみ，人格的接触，
友人関係にもとづき，生活物資の提供，診療，保育，法律相談，教育や文化の提供によって，住
民の社会性をはぐくみ，住民と共に調査や環境改善などを行う活動。

・賀川豊彦は，セツルメント運動の他，（⑬　　　　　　）の実践を日本に紹介し，農業協同組合，
消費生活協同組合などの普及に努めた。

練習問題

◆次の記述のうち，正しいものを1つ選びなさい。

A　1911年に制定された工場法で，労働時間は8時間に規制され，深夜業は禁止された。

B　方面委員制度は東京から始まり，全国に広がった。

C　セツルメント運動は，地方自治体による貧困地域の支援活動である。

D　賀川豊彦は，セツルメント運動の他，協同組合の実践を日本に紹介した。

3 戦時厚生事業による福祉対策

教科書 p.54 ～ p.55

1 昭和恐慌と救護法の制定

・昭和初期，金融恐慌（1927年），世界恐慌（1929年），（①　　　　　　　）（1930年）により，中小企業が倒産し，大量の失業者が発生。農村でも，生糸・農産物価格の暴落，失業者の農村への帰村などで生活が困窮。

→親子心中，身売り，児童虐待，（②　　　　　　　）（地主から農地を借りる小作農たちが高額な地代の減免などを求めて起こした争議），右翼テロなどが発生。世情不安が高まった。

◎1929年（③　　　　　　）成立→1932年施行。

・救護の種類には，生活扶助，（④　　　　　）扶助，（⑤　　　　　）扶助，生業扶助がある。

・救護施設設置に対する認可制を導入するなど，戦後の（⑥　　　　　　　　）のもととなった。

2 戦時総動員体制と戦時社会政策

・満州事変（1931年）に続く日中戦争から第二次世界大戦の間，日本は戦争のため人や資源を総動員した。

◎兵力増強，人口増加，生産力拡充のため（⑦　　　　　　　）が重視されるようになった。

> ・1937年，全国に（⑧　　　　　　）を設置
> ・1938年，（⑨　　　　　　）（現在の厚生労働省）を設置

・国民の体位・体力を確保するための健兵健民政策，出生増加策，死亡減少策（結核対策，栄養改善，医療改善），資質増強策（体力管理，保健指導，体育など）の厚生事業を推進。

◎（⑩　　　　　　）の対象が拡大した。

> ・1938年，（⑪　　　　　　　　　　）制定
> ・1939年，職員健康保険法制定

・国民健康保険法では，無保険であった農民や，健康保険に未加入であった小規模零細事業者などにも加入となった。

・職員健康保険法は，健康保険の対象外だった俸給生活者（サラリーマン，小店員）を対象とした。

◎新しい年金制度が創設された。

> ・1941年，（⑫　　　　　　　　　　）を創設

→それまでは官吏や軍人の恩給制度などしかなかったが，一般労働者を対象とした。

◎戦時出兵後の困窮世帯への対応，軍人，遺族への補償策などとして，軍事扶助法（1937年），戦時災害保護法（1942年）などが制定された。

◎1940年には，戦時の食料品の配給や思想統制のために，国家総動員の一環として町内会などが全国的に整備され，方面委員も戦争遂行の体制に組みこまれた。

練習問題

◆戦時厚生事業による福祉対策について，次の記述が正しければ○，誤っていれば×をつけなさい。

A　救護法によって定められた救護とは，生活扶助，医療扶助，助産扶助の3種類である。

B　1938年に厚生省が設置されたのち，全国に保健所が設置された。

C　労働者年金保険は，一般労働者を対象としている。

D　人口の増加につながる施策は重視されたが，高齢者や障害者のための施策は乏しかった。

A		B		C		D	

4 戦後対策としての社会福祉の構築

教科書 p.56 ～ p.57

1 戦後の国民生活の混乱

・第二次世界大戦後，日本社会は混乱に陥った。失業者は最大時1,400万人に達し，家や財産を失った戦災者，引揚者，戦災孤児，傷痍軍人などが街にあふれた。

→1945年 9 月には応急的な （①　　　　　　） 対策，12月には （②　　　　　　） 対策が講じられ，その後社会福祉制度が構築されていった。

2 新しい福祉の理念の確立と福祉三法の成立

◎新しい福祉の理念

・1946年 2 月，連合国最高司令部（GHQ）はSCAPIN775「社会救済」覚書を発した。

SCAPIN775
「社会救済」覚書
の内容

・旧軍人を優先しない（③　　　　　　）。
・国家責任による実施責任体制の確立。
・救済費用の総額に制限を設けない。

→1946年10月，はじめて（④　　　　　　）を原則とする（⑤　　　　　　）（旧法）が施行された。

・1946年11月公布の（⑥　　　　　　）の第（⑦　　）条第 1 項で（⑧　　　　　　）を規定し，第 2 項で「国は，すべての生活部面について，社会福祉，社会保障及び公衆衛生の向上及び増進に努めなければならない」とした。

→社会福祉，社会保障に対する国家責任が確立された。

◎福祉三法

・1947年12月，（⑨　　　　　　）公布。障害児を含むすべての児童の福祉を目的とした。児童が生活を保障され，愛護される権利，児童をすこやかに育成する公的責任を明確にし，妊産婦・乳幼児の保健，母子福祉，障害児福祉，保育などを幅広く規定。

・1949年12月，（⑩　　　　　　）制定。傷痍軍人だけでなく，身体障害者一般を対象に，更生訓練，補装具の支給，身体障害者手帳交付などが行われるようになった。

・1950年，（⑪　　　　　　）が全面改正。憲法の理念を受けて，国家責任，無差別平等，健康で文化的な最低限度の生活の保障といった原則を打ち立てた。

3 社会保障制度の体系化

◎首相の諮問機関である社会保障制度審議会が1950年10月に行った（⑫　　　　　　　　　　）は，生活保障の責任が国家にあることを明確にした。また，社会保険，国家扶助（公的扶助），公衆衛生および医療，社会福祉からなる社会保障の体系を示し，その後の社会保障制度体系を整備する指針となった。

✐練習問題

◆次の記述のうち，誤っているものを 1 つ選びなさい。

A　戦前の救貧対策は軍人とその家族，戦争被災者などに手厚かったが，その他の困窮者への救済水準は低水準で，差別的であった。

B　1950年に，1946年制定の生活保護法が部分的に改正された。

C　生存権については，日本国憲法第25条で「すべて国民は健康で文化的な最低限度の生活を営む権利を有する」と規定されている。

D　児童福祉法，身体障害者福祉法，生活保護法を福祉三法という。

第 2 編

2

5 高度経済成長期と社会保障・社会福祉の拡充

教科書 p.58 〜 p.59

1 高度経済成長期と社会保障

・1955年から1973年の（①　　　　　　　　　　　）に，日本の経済社会，国土の姿は激変した。

- ・産業構造は，農業・軽工業中心から大規模な重化学工業や製造業中心へ転換。
- ・人口は農村部から（②　　　　　）に移動。農村部の過疎化，都市部の過密化，生活施設の不足，公害といった問題が発生。
- ・年平均9.1%の経済成長により，政府の歳入が増加し，企業や個人が社会保険料を負担する力が増した。

2 国民皆年金・皆保険の成立

◎1961年，（③　　　　　　　　　　　）体制ができ，社会保障の基盤となった。

・（④　　　　　　　　）（新たに創設），（⑤　　　　　　　　　　　　）にこれまで加入できなかった人々を強制加入させた。

3 社会福祉制度の充実と福祉六法体制の確立

◎福祉六法体制が整った。

1960 年	（⑥　　　　　　　　　　　）→現在の「知的障害者福祉法」
1963 年	（⑦　　　　　　　）
1964 年	（⑧　　　　　　　）→現在の「母子及び父子並びに寡婦福祉法」

→戦後制定された，生活保護法，児童福祉法，身体障害者福祉法と合わせて福祉六法という。

・さらに身体障害者雇用促進法（1960年），心身障害者対策基本法（1970年），母子保健法（1965年）など多くの社会福祉制度が創設された。

・1971年，5か年の社会福祉施設の緊急整備計画が策定され，老人福祉施設，重度障害児者福祉施設，保育所などが整備された。

4 福祉元年と福祉見直し

◎政府は1973年を（⑨　　　　　　）とした。

・1973年度に，老人医療費の無料化，年金水準の5万円への改善や物価スライド制の導入，健康保険の家族給付率の改善などが行われた。

◎しかし同年10月，世界的な（⑩　　　　　　　　　　　）が起き，高度経済成長は終焉し，以降は社会保障の抑制をはかる（⑪　　　　　　　）に転換した。

練習問題

◆次の記述のうち，正しいものを1つ選びなさい。

A　1961年の国民皆年金・皆保険体制により，自営業者，農業者以外のすべての国民は年金・保険制度に加入することとなった。

B　福祉六法に，精神薄弱者福祉法（現在の「知的障害者福祉法」）は含まれない。

C　心身障害者対策基本法とは，現在の「障害者基本法」のことである。

D　政府は1973年を福祉元年としたが，翌年オイルショックが起き，福祉見直しに転換した。

6 新世紀に向けた福祉改革と介護保険制度の導入

教科書 p.60 ~ p.61

1 日本型福祉論

◎（①　　　　　　）……社会保障の充実よりも，家族の（②　　　），地域の相互扶助などをいかした日本独自の福祉社会を構築しようという考え方。オイルショック以降の福祉見直しのなか，1980年前後に提起された。

→無料化により急増した老人の医療費を抑制する対策の必要性とあいまって，（③　　　　　　）をはかる政策を後押しする方向にも作用した。

2 ノーマライゼーションの理念の普及と在宅福祉の充実

・入所施設よりも在宅福祉が望ましいという考え方を支えたのが，（④　　　　　　）の理念。

・（⑤　　　　　　）をテーマにした（⑥　　　　　　）（1981年）によって，ノーマライゼーションの理念が広く普及した。

3 ゴールドプランと市町村の役割重視

◎1989年12月，（⑦　　　　　　　　　　）（ゴールドプラン）が示された。

- 消費税導入に伴い，福祉サービスの充実をはかるために打ち立てられた10か年の計画。
- 要介護高齢者に対する施設サービスと共に，在宅福祉サービスが大きく拡充。
- 寝たきり老人ゼロ作戦，ホームヘルパー10万人，特別養護老人ホーム24万人分などの目標値が示された。

◎1990年，（⑧　　　　）改正

- （⑨　　　）に老人保健福祉計画の策定が義務づけられた。
- 福祉八法……老人福祉法，身体障害者福祉法，精神薄弱者福祉法，児童福祉法，母子及び寡婦福祉法，社会福祉事業法，老人保健法，社会福祉・医療事業団法の八法。

◎1994年，（⑩　　　　　　）が示された。

- 市町村の目標を踏まえて作られ，高齢者福祉サービスの整備目標が上方修正された。

4 介護保険制度の導入

◎2000年度，（⑪　　　　　　）開始

- 老人福祉制度と老人保健制度に分かれていた要介護高齢者に対する介護サービスを再編し，社会保険方式で提供する新しいしくみがつくられた。
- 介護サービスを必要とする人は要介護認定を受け，介護支援専門員の支援を得ながら自らサービスを選び，原則１割の費用負担でサービスを受けられるようになった。
- 企業や（⑫　　　）なども在宅サービスの事業者として参入した。

練習問題

◆次の記述が正しければ○，誤っていれば×をつけなさい。

A　日本型福祉論とは，福祉国家をめざし，社会保障を充実させようという考え方である。

B　ゴールドプランでは，在宅福祉サービスが拡充され寝たきり老人ゼロ作戦などが示された。

C　福祉八法改正により，高齢者福祉サービスは都道府県が担うこととなった。

D　介護保険制度の導入により，要介護・要支援認定を受ける人が増加した。

A		B		C		D	

7 子ども・家庭支援のさらなる充実をめざして

教科書 p.62 〜 p.63

1 少子化への危機感とエンゼルプラン

・1989年の1.57ショックによって少子化への危機感が高まった。

◎1994年，（①　　　　　　　　　　）策定。

　・保育サービスなどの子育て支援施策についての10か年の重点施策が示された。

◎2003年，（②　　　　　　　　　　），（③　　　　　　　　　　　　　）制定。

　・市町村と企業は行動計画を定め，子育て支援サービスの整備，従業員に対する子育て支援策を講じることになった。

◎　（④　　　　　　　　　　　）（2005〜2009年），（⑤　　　　　　　　　　　　）（2010〜2014年）

　・全国的な子育て支援サービスの目標値を定め，計画的にサービスが整備された。

2 子ども・子育て支援新制度の導入

◎　（⑥　　　　　　　　　）の不足を受け，2015年に（⑦　　　　　　　　　　　　　　　）導入。

　・従来無認可であった3歳児未満の子どもへの多様で小規模なサービスを制度化。

3 困難を抱える児童・家庭への支援

・2000年前後から，児童・家庭が抱えるさまざまな問題が認識され始めた。

（⑧　　　　　　　）	2000年の児童虐待防止法の施行以降も，児童の虐待事件は後をたたない。
（⑨　　　　　　　　　）	2014年，子どもの貧困対策法施行。子どもの学習支援など国の対策，子ども食堂など市民の自発的な支援活動が広がる。
（⑩　　　　　　）の充実	2016年の児童福祉法改正などにより，特別養子縁組や（⑪　　　　）など家庭的養育が推進される。

4 市町村による支援体制の拡充

◎2017年から，（⑫　　　　　　　　　　　　　　　　　），市区町村子ども家庭総合支援拠点などの整備を開始。それまで虐待や社会的養護には都道府県が設置する（⑬　　　　　　　　）が対応してきたが，よりきめ細かな対応をするため市町村による支援体制を強化した。

　・子育て世代包括支援センター……妊娠期から出産，産後，子育て期にいたるまで切れ目のない一貫した支援を行うための組織。保健師や（⑭　　　　　　　　　　　）が配置された。

　・市区町村子ども家庭総合支援拠点……市町村にソーシャルワーカーなどの専門職を置き，要支援・要保護児童への支援関係機関との連絡調整などを行う機能。

練習問題

◆次の記述のうち，誤っているものを1つ選びなさい。

　A　エンゼルプランでは，保育サービスが拡充され，保育所不足が解消された。

　B　2000年に児童虐待防止法が施行されたが，その後も虐待事件は後をたたない。

　C　貧困と社会的孤立，親の障害などが重なると，児童虐待のリスクが高まるといわれる。

　D　子育て世代包括支援センターとは，妊娠期から出産，産後，子育て期にいたるまで切れ目なく支援を行うための組織である。

第2編

8 障害者福祉のさらなる充実をめざして　　　教科書 p.64〜p.65

1 障害者基本計画にもとづく総合的な施策の推進

◎1981年の（①　　　　　　　　　　）を契機として，政府は「障害者対策に関する長期計画」（1982〜1992年度）を策定。日本国内で初めて各分野にわたる総合的な障害者施策を推進。

◎1993年，（②　　　　　　　　　）制定。

・国，都道府県，市町村に（③　　　　　　　　　　）を策定することを義務づけた。

→国の基本計画として「障害者対策に関する新長期計画」（1993〜2002年度），1995年にはその具体化のための「（④　　　　　　　　　）〜ノーマライゼーション7か年戦略〜」が策定された。

・障害者基本計画にもとづき，（⑤　　　　　　　　），雇用の促進，特別支援教育の導入といった施策が進展した。

2 障害者自立支援法から障害者総合支援法へ

◎障害児者への福祉サービスの拡充

・2000年ころの障害児者への福祉サービスは，高齢者分野に比べて大きく不足。

→2003年から（⑥　　　　　　　　），2006年には（⑦　　　　　　　　　　）が施行され，身体障害・知的障害・精神障害に細分化していた障害福祉サービスを一元化し，国の財政負担責任を明確にした。

・障害者自立支援法は，障害者にも介護保険同様の，費用の（⑧　　）割負担を求めたことから，障害者団体の反発を招いた。

→障害者自立支援法は改正され，2012年に（⑨　　　　　　　　　）が策定され，2013年度から施行された。費用負担の軽減，発達障害者や難病者を対象とするなどの改善がはかられた。

3 障害者施策の理念の発展

・1993年の新長期計画では，障害者施策の理念として，ノーマライゼーションとリハビリテーション，2002年の「障害者基本計画（第二次計画）」では，障害の有無にかかわらず，国民だれもが相互に人格と個性を尊重し支えあう（⑩　　　　　）という理念を掲げた。

・2006年，国連が（⑪　　　　　　　　　）を定め，障害者の差別の禁止，社会的障壁の除去の合理的配慮といった方向を示した。

→日本政府は条約批准のための法制定などを進め，障害者基本法の改正（2011年），障害者差別解消法の制定（2016年施行）のなかで，体制を整備した。

練習問題

✦次の記述のうち，正しいものを1つ選びなさい。

A　1981年の国際障害者年を契機として，政府は障害者権利条約を批准した。

B　障害者基本計画にもとづいて，バリアフリー化，雇用の促進などの施策が進展した。

C　2006年に施行された障害者自立支援法では，障害者の費用負担が軽減され，障害者団体から高い評価を得た。

D　2006年，国連は障害者支援条約を定め，日本政府は条約を批准した。

1 **福祉六法体制からの転換と新たな福祉課題の顕在化**

❶福祉サービスの適切な利用への支援

・利用契約制度のもとで，人々が福祉サービスを適切に利用できるように，必要なサービスの選択と組み合わせを支援する（① 　　　　　　　　　　）などの新たな専門職が配置された。

・判断能力が不十分な人が選択・利用できるようにするための（② 　　　　　　　　　　　　）や（③ 　　　　　　　　）などがつくられた。

❷社会的孤立や生活困窮者への対応

・他者との接触が乏しい社会的孤立状態にある人の増加などから，地域での見守り活動などが広がると共に，（④ 　　　　　　　　　　）の制定（2015年施行）などが行われた。

❸虐待への対応

・虐待防止のための法整備がなされた。

2000 年制定	（⑤ 　　　　　　　　）法
2005 年制定	（⑥ 　　　　　　　　）法
2011 年制定	（⑦ 　　　　　　　　）法

2 **協働による福祉のまちづくり**

・こんにちの福祉施策は，高齢者，障害者，子ども・子育て家庭などに対し，地域生活を（⑧ 　　　　）に支援するしくみづくりに挑戦している。

→福祉と保健医療の連携，教育との連携，住宅施策や交通施策との連携など，幅広い分野と福祉との協力体制が必要になる。

・ひとつの世帯が，生活困窮，社会的孤立，障害，虐待などの複合的な問題を抱え，既存の分野別の福祉制度では対応できない事態が起きている。

→住民による（⑨ 　　　　　　　　）と専門機関との連携，相談機関同士の連携，制度の狭間に対応するための新しい取り組みや資源の開発などが必要になる。

・2060年に向けて，一部の大都市を除きほとんどの地域で（⑩ 　　　　）が減少することが予測されている。自分たちのまちや暮らしをどうしていくか，住民一人ひとりが真剣に考え，話しあい，また住民と行政や専門機関が支援・連携する，（⑪ 　　　　）による福祉のまちづくりが求められている。

練習問題

◆次の記述が正しければ○，誤っていれば×をつけなさい。

A　福祉サービスのなかで利用契約制度をとっているのは，介護保険サービス，障害福祉サービス，子ども・子育てサービスである。

B　高齢者や障害者への虐待防止への対応として，ケアマネジャーが配置された。

C　高齢者の虐待には地域包括支援センター，障害者の虐待には保健所が対応する。

D　人口減少が予測されるなかで，住民一人ひとりが真剣に考え，話しあい，また住民と行政や専門機関が支援・連携する，協働による福祉のまちづくりが求められている。

A		B		C		D	

第1章

社会保障制度の意義と役割

1 社会保障制度の意義と役割　　　　　教科書 p.74 ～ p.75

1 社会保障制度の目的と意義

・近年，「人生100年時代」といわれ平均寿命が伸びているが，高齢期には病気やけが，介護が必要になるなど，さまざまな（① 　　　　　）がある。

・社会保障制度の目的……公的な責任で「国民の生活の安定が損なわれた場合に，国民にすこやかで（② 　　　　　　　　）を保障すること」。

→日本国憲法の（③ 　　　　）の理念にもとづくセーフティネットに加え，人々ができるだけその人らしい人生を送ることができるような（④ 　　　　　　）の役割も果たす。

2 社会保障制度の機能

・社会保障制度の３つの機能

❶生活安定・向上機能……私たちの生活の安定をはかり，安心をもたらす機能。

❷所得再分配機能……社会保障制度を通じて，高所得者から低所得者，世代間などで所得を移転させ，（⑤ 　　　　　　）を縮小したり，低所得者の生活の安定をはかったりする機能。

❸経済安定機能……景気の変動を緩和し，（⑥ 　　　　　　　　）を支える機能。

3 社会保障制度の範囲

・日本では，社会保障制度審議会による1950年の（⑦ 　　　　　　　　　　　　　　）がある。

→社会保障制度の範囲を，社会保険，国家扶助（公的扶助），（⑧ 　　　　　　　　），社会福祉の４部門としている。

▶社会保障制度の範囲

社会福祉	身体障害者，知的障害者，精神障害者，発達障害者，高齢者など
公的扶助	（⑨ 　　　　　）
社会保険	年金，医療，（⑩ 　　　），雇用，労働者災害補償
公衆衛生および医療	結核，感染症，難病，麻薬，上下水道，廃棄物処理
社会手当	児童手当，（⑪ 　　　　　　　）
恩給	旧軍人恩給，旧軍人遺族恩給
戦争犠牲者援護	戦傷病者への障害年金，戦没者遺族への遺族年金

✎練習問題

◆次の記述のうち，正しいものを１つ選びなさい。

A　社会保障制度とは，公的な責任によって国民の生活を支え，すこやかで安心できる生活を保障することを目的とする社会的なしくみである。

B　社会保障制度は，日本国憲法の自由権の理念にもとづくセーフティネットの役割を果たしている。

C　社会保障制度の機能のうち，所得再分配機能のひとつである生活保護制度では，主に国債を財源として，経済的に困窮する人に所得を分配している。

D　社会保障制度審議会が1950年に出した勧告では，社会保障制度の範囲として社会保険，国家扶助，社会福祉の３部門をあげている。

2 社会保障の各制度の概要

教科書 p.76 〜 p.77

1 社会福祉制度

◎社会福祉制度……社会生活上の諸課題についてさまざまな（①　　　　　　　）を提供し，生活の安定や自立の支援を行う制度。子ども家庭福祉，障害者福祉，高齢者福祉など。

◎社会福祉サービス……税金を財源とする。原則，所得制限はない。

・施設サービス……（②　　　　　　　　）の入所者に対して24時間体制で行われるサービス。

・（③　　　　　　　）サービス……対象者の自宅への訪問や通所施設の利用によって提供されるサービス。

2 公的扶助制度

◎日本国憲法第25条の生存権を保障するための（④　　　　　　　　　）としての役割を担う制度。生活保護制度がこれに当たる。

・（⑤　　　　　）を財源とする。給付を受けるためには（⑥　　　　　　　）（ミーンズテスト）が行われる。

3 社会保険制度

・保険事故が発生した際に加入者にサービスや（⑦　　　　　）の給付を行う制度。医療保険，公的年金，介護保険など。財源は加入者の（⑧　　　　　　）が基本だが，一般財源（税金からの収入）からの繰り入れも行われる。

→法令に定める要件に当てはまる者は必ず加入する。→（⑨　　　　　）加入

→医療保険の（⑩　　　　　　　），公的年金の（⑪　　　　　　　）がある。

4 社会手当

・子育て世帯，ひとり親世帯などの法令が定める条件に当てはまる場合に，金銭を給付する制度。児童手当，（⑫　　　　　　　　）など。税金を財源とする。所得制限がある。

5 公衆衛生および医療

・人々の健康の保持・増進のため，病気の（⑬　　　　　）や治療，衛生的な生活環境の確保をはかるもの。感染症の予防・治療，難病の治療，健康診断など。

6 社会保障給付費

・（⑭　　　　）（国際労働機関）の基準をもとにした，社会保障制度によって人々に提供されるサービスや金銭の総額。

→日本の部門別の社会保障給付費は，「医療」40兆7,226億円（32.9％），「（⑮　　　　　）」55兆4,520億円（44.7％），「福祉その他」27兆7,494億円（22.4％）となっている。（2019年度）

練習問題

◆次の記述が正しければ〇，誤っていれば×をつけなさい。

A　社会福祉サービスは，施設サービスと在宅福祉サービスに分けられる。

B　公的扶助制度は，日本国憲法の生存権を保障するためのセーフティネットとしての役割を担う制度である。

C　社会保険は，法令に定める要件に当てはまる人のうち，希望者だけが加入するものである。

D　公衆衛生とは，児童手当や児童扶養手当など，法令が定める条件に当てはまる場合に金銭を給付する制度である。

A		B		C		D	

3 社会保障制度を推進する機関

教科書 p.78 〜 p.79

1 厚生労働省の役割と組織

・厚生労働省……さまざまな社会保障制度の企画・立案や実施を担う国の行政機関。11の局と2つの部が設置されている。2001年に厚生省と（①　　　　　）が統合して設置された。

2 市町村の役割と福祉事務所

・市町村の役割……住民にとって身近な行政機関として，生活保護やさまざまな社会保障制度を実施する。

・福祉事務所……社会福祉の第一線の実施機関。市や（②　　　　　　）には必ず設置される。町村での設置は任意。

　➡（③　　　　　），児童福祉，母子・父子・寡婦福祉，高齢者福祉，身体障害者福祉，知的障害者福祉などの事務を行う。

3 都道府県の役割と関係機関

・都道府県の役割……市町村よりも広域にわたる行政機関として社会保障制度を実施する。

　➡福祉事務所を設置していない（④　　　　　）を担当する福祉事務所を設置し，生活保護，児童福祉，母子・父子・寡婦福祉の事務を行う。

・児童相談所……（⑤　　　　）を受けた児童の保護，家庭からの専門的な相談などに当たる。

・障害者の専門的な相談機関……身体障害者更生相談所，（⑥　　　　　　　　　　　　），精神保健福祉センター。

・婦人相談所……配偶者からの（⑦　　　　）などに対応する。

4 地域における協力機関

・民生委員・（⑧　　　　　　）……住民の生活状況の把握，相談対応，助言などを行い，福祉事務所などの関係行政機関に協力する機関。

・身体障害者相談員，知的障害者相談員……障害者からの相談対応，援助を行う協力機関。

5 その他の機関

・日本年金機構……公的年金制度の事務を行う。各地域に（⑨　　　　　　　）が設置されている。

・労働基準監督署……労働災害についての事務を行う。

・公共職業安定所（（⑩　　　　　　　　））……雇用保険についての事務を行う。

📝練習問題

◆次の記述のうち，正しいものを1つ選びなさい。

　A　2001年の中央省庁の再編により，厚生省と文部省が統合され，厚生労働省が設置された。

　B　福祉事務所は，市および東京都特別区には必ず設置されるが，町村では任意で設置される。

　C　各市町村が設置する児童相談所は，虐待を受けた児童の保護，家庭からの専門的な相談などに対応する。

　D　公的年金制度の事務を行う機関として日本年金機構がある。また，労働災害については公共職業安定所（ハローワーク）が事務を行っている。

第2章 子ども家庭福祉

検印

1 少子化時代の子ども子育て支援
教科書 p.80 ～ p.81

1 子ども家庭福祉の理念と子どもの権利

・日本の児童福祉……1947年に制定された（①　　　　　　　　　）が，現在の日本の子ども家庭福祉の基礎となっている。

　→第二次世界大戦後，町にあふれた（②　　　　　　）を保護することが課題であった。

・児童憲章……1951年に制定。日本国憲法の精神に従い，すべての児童の（③　　　　）をはかることを目的とした憲章。

・子どもの権利条約……1989年に国連で締結された。子どもが保護の対象であるだけでなく，権利の（④　　　　）であることが明文化されている。

2 日本の少子化の状況

・合計特殊出生率……（⑤　　　　　　　）歳の女性の年齢別出生率を合計したもの。ひとりの女性がその年次の年齢別出生率で一生の間に生むとした時の子どもの数に相当する。

　→日本の出生数は（⑥　　　　）年に過去最高の約270万人となり，合計特殊出生率は4.32であった。現在の出生率は（⑦　　　　）前後で推移しており，（⑧　　　　　　　　）に突入したといわれている。

　→1989年には合計特殊出生率が1966年（ひのえうま）の1.58を下回る1.57を記録した。これを（⑨　　　　　　　）という。

・（⑩　　　　　）ベビーブーム……1947～1949年に出生数が年間250万人をこえた。

・（⑪　　　　　）ベビーブーム……1971～1974年に出生数が年間200万人をこえた。

3 新たな子育て支援制度

・現在，人々の働き方やライフスタイルが変わり，子どもに関する課題が多い。

　→希望しても保育所に入所できない（⑫　　　　　　　　），ひとり親家庭に対するサービス不足への対応，障害のある子どもたちへの支援も必要とされている。

・（⑬　　　　　　　　　　　）新制度……2015年スタート。待機児童の解消や，地域社会の子育て支援を充実させることが定められている。

練習問題

◆次の記述が正しければ〇，誤っていれば×をつけなさい。

A　2016年に改正された児童福祉法の第1条には，子どもが権利を有する主体であることがより明確に規定された。

B　1995～1999年には，第三次ベビーブームが起こった。

C　日本の人口を維持するために必要な合計特殊出生率は2.1程度といわれている。

D　希望しても保育所に入所できない待機児童問題は，子ども・子育て支援新制度の開始によって完全に解消された。

A		B		C		D	

2 児童相談所と市町村の役割

教科書 p.82～p.83

1 児童相談所の役割

・児童相談所……学校や病院などの関係機関や家庭などから通告・相談を受けて、子どもと家族に必要な支援を提供する行政機関。各都道府県などに設置されている。

→（①　　　　　　　　），児童指導員，（②　　　　　　　　　　），医師（精神科医・小児科医），保育士などの専門職が配置されている。

→子どもを一時的に家庭から離して保護する権限が与えられている。→（③　　　　）保護

・児童相談所に寄せられる児童虐待の相談件数は，2000年の（④　　　　　　　　　　）の施行以降，年々増加している。

→2016年に改正された児童福祉法では，東京都の（⑤　　　　　）（23区）にも児童相談所を設置すること，児童相談所に（⑥　　　　　）などを配置することなどが規定された。

2 市町村の役割

市町村における子育て支援の体制

・2016年の児童福祉法の改正により，市町村には，子育てに課題を抱える家庭を把握し，（⑦　　　　　　　）の予防や早期発見につなげる役割が期待される。

・（⑧　　　　　　　　　　　　）……妊娠期から子育て期にわたる切れ目のない支援を行うための拠点。

・（⑨　　　　　　　　　　　　　　）……地域のすべての子育て家庭と専門的な支援をつなぐ連絡調整の役割を持つ拠点。

→これら 2 つの拠点は，同一機関や同一の場所で実施するなど，一体的に取り組むことが望ましいとされる。

3 地域社会の役割

・（⑩　　　　　　　　　　　　　　　　）（要対協）……地域の複数の関係機関や民間団体などが情報を共有し，子どもや家庭を支援するネットワーク。市町村に設置される。虐待対応だけでなく，孤立した子育て家庭など，支援を必要とする子どもと家庭を早期に発見するしくみ。

練習問題

◆次の記述のうち，誤っているものを 1 つ選びなさい。

A　児童相談所には，問題が生じたとき，子どもを一時的に家庭から離して保護する権限が与えられている。

B　児童相談所に寄せられる児童虐待の相談件数は，2000年の児童虐待防止法の施行以降，年々減少している。

C　子育て世代包括支援センターは，妊娠期から子育て期にわたる総合的相談・支援を行うための拠点である。

D　市町村に設置される要保護児童対策地域協議会は，複数の関係機関や民間団体などが情報を共有し，子どもや家庭を支援するネットワークである。

3　子ども支援と保育

教科書 p.84〜p.85

1　保育所の歴史

・保育所（保育園）……1947年の（①　　　　　　　）の制定により，制度化された。
　→学制の一部であった幼稚園とは別に，（②　　）が責任を持つ施策・制度となった。
・保育所づくり運動……1960年代の高度経済成長期に，主に働く女性たちからの保育要求が高まり，
　大きな（③　　　　）設立運動が起こった。
　→時代が進むにつれ女性の社会進出が加速し，保育所の必要性がさらに高まり，保育所の数は大幅
　　に増えた。
・保育所の入所方式……それまでは（④　　　　　　　）であったが，1997年から保護者と市町村の
　（⑤　　　　　　）に変更された。
・保育士資格……かつて「（⑥　　　　）」とされていた保育士は，男女雇用機会均等法の改正に伴い，
　1999年に名称が保育士に変更された。保育士資格はそれまでは任用資格だったが，2003年から名称
　独占の（⑦　　　　　　）となった。

▶保育所，認定こども園，幼稚園の違い

	保育所	認定こども園	幼稚園
所管	（⑧　　　　　　　）	こども家庭庁・文部科学省	（⑨　　　　　　　）
根拠法	（⑩　　　　　　　）	認定こども園法	（⑪　　　　　　　）
対象年齢	0歳〜就学前の乳幼児	0歳〜就学前の乳幼児	満3歳〜就学前の幼児
標準的な保育時間	原則1日8時間	1日4時間〜最大11時間	1日4時間
従事者の資格	（⑫　　　　　）	保育教諭	（⑬　　　　　）
提供するサービス	保育	教育・保育	教育

2　少子化社会における保育

・待機児童問題……希望しても（⑭　　　　　）に入れず待機を余儀なくされている児童の問題。
　→政府は待機児童解消をめざしているが，今後も保育所の利用率は増加することが見込まれる。
・子ども・子育て支援新制度……2012年に成立した子ども・子育て関連3法にもとづく制度。待機児
　童問題の解決や（⑮　　　　　　　）などを含め，子育て家庭と子どもたちを社会が支えるしくみ。

✐練習問題

◆次の記述が正しければ○，誤っていれば×をつけなさい。

A　1947年の児童福祉法の制定により，幼稚園が制度化され，設置が促進された。
B　任用資格であった保育士資格は，2003年から名称独占の国家資格となった。
C　保育所の入所方式は，かつては保護者と市町村の契約方式であったが，1997年に措置制度に変
　　更された。
D　認定こども園は，保育機能，教育機能，子育て支援機能を備え，就学前の教育と保育を一体的
　　に提供する施設である。

A		B		C		D	

4 子どものすこやかな成長に向けて

教科書 p.86 ～ p.87

1 児童の健全育成施策

・児童の健全育成施策の目的……子育て家庭を応援するだけではなく，子ども自身の（①　　　　　）を支援すること。

2 地域子育て支援

・地域子育て支援拠点……主に乳幼児とその（②　　　　　）を対象とし，子育て親子の交流促進・相談援助・地域の子育て関連の情報提供などを行う事業。

・児童厚生施設……児童に健全な（③　　　　　）を与えて，その健康を増進し，また情操を豊かにすることを目的とした施設。（④　　　　　）や児童遊園などがこれに当たる。

・放課後児童健全育成事業……「（⑤　　　　　）」という名称で知られ，保護者が就労などで不在の場合，就学年齢の児童が利用できる。

→2015年から10歳以上の高学年の子どもも対象となり，需要が拡大し続けている。

（⑥　　　　　　　　　　）という認定資格もつくられた。

3 不登校・いじめへの対応

・不登校児童生徒への対応……学校内での（⑦　　　　　　　　　　）の活用,カウンセリングルーム（心の教室）の整備など。

・スクールソーシャルワーカー……児童生徒の課題を家族や人間関係などの（⑧　　　　　）に働きかけて解決する専門職。

・いじめへの対応……2013年に（⑨　　　　　　　　　　）が制定された。

4 少年非行への対応

▶少年法における定義

犯罪少年	罪を犯した（⑩　　　）歳以上（⑪　　　）歳未満の少年。
触法少年	刑罰法令にふれる行為をした（⑫　　　）歳未満の少年。
（⑬　　　　　）少年	将来罪を犯す恐れのある少年。

・触法少年……補導人員は減少傾向にあるが，近年（⑭　　　）歳以下の割合が上昇傾向にある。

・（⑮　　　　　　　　　）……犯罪や不良行為をした，もしくはその恐れのある児童や，生活指導を要する児童を入所・通所させ，必要な指導を行って自立を支援する児童福祉施設。

練習問題

◆次の記述が正しければ〇，誤っていれば×をつけなさい。

A　児童館や児童遊園などは，児童福祉法に規定された児童厚生施設である。

B　中学生の不登校の理由として最も多いのがいじめであり，近年ではSNSを使ったいじめなども問題になっている。

C　不登校は，小学校と中学校を通じて増え続けているが，特に小学校での増加が著しい。

D　14歳以下で刑罰法令にふれる行為をした少年を触法少年といい，児童福祉法にもとづいて児童相談所に通告される。

A		B		C		D	

❶　子どもの貧困

・貧困率……（①　　　　　）を指標とし，ある所得水準を貧困線と設定したときの，貧困線に満たない
所得の人口の比率。一般に，「（②　　　　　　　　）」という指標が使われる。

・相対的貧困率……所得分布の中央値の（③　　　　）％を貧困線としたとき，それに満たない所得の
人の割合。

・子どもの貧困率……（④　　　　　　）未満の世帯で暮らす子どもの割合のこと。国民生活基礎調査に
よると，日本の子どもの貧困率は2015年に13.9％であった。

→18歳未満の子どものうち（⑤　　　　）人に1人が貧困であるといわれる。

❷　ひとり親家庭への支援

日本では，ひとり親家庭の貧困率が（⑥　　　）割以上と高く，特に親の就労率が高いにもかかわ
らず貧困状態から抜け出せないという特徴がある。

◎母子世帯が貧困に陥りやすい要因

・男女の（⑦　　　　　　）が大きいため，就業していても母子世帯の収入が少ないこと。

・所得再分配機能が弱いこと。など

◎ひとり親家庭への経済的支援

・（⑧　　　　　　　　　）……18歳までの児童を監護・養育している母子（父子）世帯などの母また
は父に支給される手当。

・生活福祉資金の貸し付け　など

❸　地域社会による支援

◎地域社会における自発的な取り組み

・（⑨　　　　　　　　）……安価または無料で子どもたちに食事を提供する場所。

・（⑩　　　　　　　　）……包装の破損や過剰在庫などのため，食べられるのに流通に出すことが
できない食品を企業が寄付し，それを必要としている世帯などに無償で提供する活動。

・無料の学習支援，子どもの居場所づくり　など

◎国による施策

・（⑪　　　　　　　　　）や生活困窮者自立支援法があるが，貧困問題の根本的な解決を推進
していくことが国には求められている。

✎練習問題

◆次の記述が正しければ○，誤っていれば×をつけなさい。

A　日本では18歳未満の子どものうち6～7人に1人が貧困であるといわれている。

B　日本では，ひとり親家庭の貧困率が5割以上と高い割合となっている。

C　児童扶養手当は母子世帯のみに支給されるもので，父子世帯に対しては支給されない。

D　フードバンクとは，安価または無料で子どもたちに食事を提供する場所のことである。

A		B		C		D	

6 社会的養護と児童虐待への対応

1 児童福祉における社会的養護

◎（①　　　　　　　）……子どもが何らかの理由で親と暮らすことができず，児童相談所の判断で施設や里親のもとで暮らすこと。

・家庭養護……養育者の（②　　　）で子どもを養育する形の社会的養護。（③　　　　）やファミリーホームをさす。日本では諸外国に比べて家庭養護の割合が低いことが課題。

　→ファミリーホーム……養育者の住居で5〜6人の子どもの養育を行うもの。

・施設養護……乳児院，（④　　　　　　　　　）などの施設において集団で生活する形の社会的養護。

・（⑤　　　　　　　　）……養親と本当の親子関係をつくる制度。

2 児童虐待の実態

・児童虐待……1990年代から社会問題となり始め，2000年に（⑥　　　　　　　　　　）が制定された。児童相談所に寄せられる虐待相談件数は2015年度に初めて（⑦　　　　）件をこえ，その後も増加し続けている。

・虐待の相談種別を見ると，かつては（⑧　　　　　　　）の割合が高かったが，2013年度から身体的虐待よりも（⑨　　　　　　　）の割合が高くなり，現在もその傾向が続いている。

3 児童虐待への対応

・児童虐待の恐れがある場合には，（⑩　　　　　　　）が子どもと家族，周囲の環境を調査し，必要があれば（⑪　　　　　）を行い，子どもの処遇を決定する。

　→市町村にも，子育て支援を通して虐待の予防的役割を果たすことが期待されている。

4 ドメスティック・バイオレンスへの対応

・（⑫　　　　　　　）……2001年制定。正式名称は「配偶者からの暴力の防止及び被害者の保護等に関する法律」。

　→都道府県や市町村に（⑬　　　　　　　　　　　）を設置し，被害者への相談援助や一時保護の支援を行うことなどが規定されている。

練習問題

◆次の記述が正しければ○，誤っていれば×をつけなさい。

A　社会的養護とは，親と暮らすことができない子どもたちを，児童相談所の判断で施設や里親のもとで養育することである。

B　2000年以降，児童虐待への社会的関心が高まったことにより，児童相談所に寄せられる虐待相談件数は減少した。

C　幼少期の被虐待体験は子どもの発達に大きく影響し，成人してからも心身共に健康リスクを高める要因となる。

D　ドメスティック・バイオレンスは，婚姻関係にある配偶者からの暴力のことであり，事実婚の場合や恋人からの暴力は含まれない。

A		B		C		D	

7 障害のある子どもへの支援

教科書 p.92 ～ p.93

1 障害のある子どものための法律

・（①　　　）歳未満の障害児に対しては，（②　　　　　　　　）において施設・事業が定義されているため，（③　　　　　　　　　）にもとづくサービスと児童福祉法にもとづくサービスが給付される。

・療育指導……障害のある子どもに対して，適切な治療および指導・訓練を提供すること。特に（④　　　　　　）に適切な療育指導を受けることで，障害の軽減や基本的生活能力の向上が期待できる。

・（⑤　　　　　　　　　　）……地域の障害児が通所により指導・支援・訓練を受ける施設。

2 障害のある子どもの家庭への支援

障害児の在宅での生活を支援するサービス

・（⑥　　　　　　　　　　　　），障害児福祉手当の支給
・障害者扶養共済制度
・障害者総合支援法にもとづく在宅福祉サービス

・（⑦　　　　　　　　）サービス……障害児を預かって養育者（家族）に休んでもらうサービス。
→見守りなどの支援が必要な障害児（者）に対する日中一時支援事業は，レスパイトサービスとしての利用ができる。

3 相談支援と通所・入所支援

▶障害児のための直接的な福祉サービス

実施主体	サービスの種類	利用できる施設・サービス
市町村	（⑧　　　）サービス	児童発達支援センター，放課後等デイサービス
都道府県	（⑨　　　）サービス	福祉型障害児入所施設，医療型障害児入所施設

・障害児の福祉サービスの利用にあたっては（⑩　　　　　　　）を行い，事業者などとの連絡調整の後，サービス利用計画を作成する。

4 子どもの心のケア

・発達障害者支援法……2005年度施行。（⑪　　　　　　　　）の早期発見や学校教育・福祉サービスなどにおける発達障害者への支援，発達障害者支援センターの指定などについて規定された。

練習問題

◆次の記述のうち，誤っているものを 1 つ選びなさい。

A　18歳未満の障害児に対しては，児童福祉法において施設・事業が定義されているため，障害者総合支援法にもとづくサービスと児童福祉法にもとづくサービスが給付される。

B　療育指導は，適切な治療および指導・訓練を提供することで，障害の軽減や基本的生活能力の向上が期待できるため，特に乳幼児期に行うことが重要である。

C　レスパイトサービスとは，学校通学中の障害児に対して，放課後や夏休み中に，生活能力向上のための訓練を継続的に提供するサービスである。

D　2005年度に発達障害者支援法が施行されるまでは，知的障害を伴わない発達障害児は支援の対象外であった。

8 子どもの権利と子ども家庭福祉

教科書 p.94 〜 p.95

1 子どもの権利の変遷

・ジュネーブ宣言……1923年に発表された（① 　　　　　　　　　）の翌年に国際連盟で採択。

（② 　　　　　　　　）が世界規模で検討された。

・児童の権利宣言……1959年に国際連合で採択。子どもはいかなる事由による（③ 　　　　）をも受けることなく，社会保障の恩恵や教育を受ける権利があることが示された。

・（④ 　　　　　　　　）……日本で，1951年5月5日に制定。戦後の児童行政に必要な子どもへの対応がまとめられた。

・児童の権利宣言の20周年を記念して，1979年は（⑤ 　　　　　　　　）とされた。

2 子どもの権利条約と国際社会

・児童の権利に関する条約（子どもの権利条約）……1989年，国連総会で採択。前文と54条の条文からなり，意見表明権や表現の自由，プライバシーの保護など，子どもは（⑥ 　　　　　）と同等に権利を行使する主体であると保障された。

▶児童の権利に関する条約（第12条，第13条より抜粋）

第12条 （意見表明権）	1. 締約国は，自己の意見を形成する能力のある児童がその児童に影響を及ぼすすべての事項について自由に（⑦ 　　　　　　　）を表明する権利を確保する。
第13条 （表現の自由）	1. 児童は，（⑧ 　　　　　　　）についての権利を有する。

3 子どもの権利条約と子ども家庭福祉

・日本は1994年に子どもの権利条約に批准。

→（⑨ 　　　　　　　　　　　　　　）に日本の子どもの状況を報告する義務がある。

・子どもの権利擁護のための取り組みとして，兵庫県川西市が1999年に日本で初めて

（⑩ 　　　　　　　　　　　　　　　）を設置した。

→親でも先生でもない大人が子どもの話を親身になって聞き，子どもの声を社会や大人に届けるという役割を担う。

✐練習問題

◆次の記述のうち，正しいものを1つ選びなさい。

A 日本では，1951年に制定された児童憲章で，「子どもの権利」という表現が世界に先駆けて用いられた。

B 1959年に国連で採択された「児童の権利宣言」では，子どもはいかなる事由による差別をも受けることなく，社会保障の恩恵や教育を受ける権利があることが示された。

C 1989年に「児童の権利に関する条約」が国連総会で採択されたが，現在のところ日本はこれに批准していない。

D 子どもの権利擁護のための取り組みとして，大阪府が1999年に日本で初めて「子どもの人権オンブズパーソン」を設置した。

第3章 障害者福祉

年　　　組　　　番　　名前

検印

1 障害者福祉とは

教科書 p.96 ～ p.97

1 障害者とは

・法律上の「障害者」の定義（障害者基本法第2条）……身体障害, （① 　　　　　　）, 精神障害（発達障害を含む）その他の心身の機能の障害がある者で, 障害および（② 　　　　　　）により継続的に日常生活または社会生活に（③ 　　　　　　）を受ける状態にあるもの。

・（④ 　　　　　　　　　）……1993年に成立。日本の障害者福祉の基本理念を定めた法律。1970年につくられた心身障害者対策基本法が全面的に改正され成立した。

2 障害者基本法が示す障害者の定義

・障害の判断基準……日常生活や社会生活における「（⑤ 　　　　　　）」が一時的ではなく「（⑥ 　　　　）」であること。

例
・身体に障害があり, ひとりで入浴ができない場合
・知的障害のため言葉が十分に理解できず, 就職ができない場合
・強度の近視であるが, 眼鏡で矯正できる場合→「継続的で相当な制限」には当たらない。

```
継続的で
相当な制限
```

3 社会的障壁

▶社会的障壁の例

❶事物	階段や段差, 字幕のないテレビ放送や音の出ない信号機などの（⑦ 　　　　）な障壁
❷（⑧ 　　　　）	教育や労働の場で, 障害者の参加が制限されていることなど
❸慣行	地域の行事や儀式などに障害者が参加できないことなど
❹（⑨ 　　　　）	障害者は就職や一人暮らしができないと決めつけてしまうことなど
❺その他一切のもの	❶～❹のように有形無形の障壁が多く存在するが, その他のあらゆるものが障壁になり得る。

4 障害者福祉とは

・障害者福祉には, 障害者の問題は（⑩ 　　　　）の問題であり, 社会全体の問題であるという考え方がある。

→障害者が直面する困難について学びながら, それを（⑪ 　　　　　　）のこととしてとらえ, 私たちが何をするべきか考えることが大切。

練習問題

◆次の記述が正しければ〇, 誤っていれば×をつけなさい。

A　障害者基本法で, 障害者とは, 障害および社会的障壁により継続的に日常生活または社会生活に相当な制限を受ける状態にある人とされる。

B　強度の近視という身体機能の不具合があっても, 眼鏡で矯正できる範囲であれば, 法律上の障害者には該当しない。

C　障害者基本法に示される5種類の社会的障壁とは, 事物, 制度, 交通, 観念, その他一切のものをいう。

D　障害者福祉において, 障害者の問題は, 健常者や社会全体の問題とは切り離して考える必要がある。

A		B		C		D	

2 障害の社会モデルとICF

教科書 p.98 ～ p.99

1 障害の社会モデルの考え方

・障害の（①　　　　　　　）……障害者が生活するなかで受ける制限は，個人の障害のみに起因するのではなく，（②　　　　　　　）が影響することにより生じるという考え方。

　→社会モデルの考え方は，（③　　　　　）（世界保健機関）が2001年に採択した（④　　　　）（国際生活機能分類）にも取り入れられている。

2 WHOによる障害のモデル

・ICIDH（国際障害分類）では，障害を機能障害，能力障害，社会的不利の３つに分類した。

| 疾患・変調 | → | 機能・形態障害 | → | （⑤　　　　　　） | → | 社会的不利 |

　→障害の現れ方を３つのレベルに分け，それぞれの対策を考える枠組みを構築したところに，ICIDHの意義があった。

3 ICFの登場

▶ICFの概念図

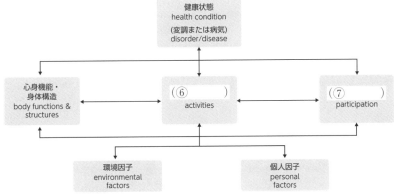

○ICFの3つの特徴

❶各要素の関係性……各要素の関係を表す矢印が（⑧　　　　　）を向いている。

❷各要素の名称……ICIDHの「能力障害」がICFでは「活動」になっているなど，より（⑨　　　　　　）な表現になっている。

❸背景因子の追加……個人因子（個性やライフスタイル）と（⑩　　　　　）（社会環境）がある。

✎練習問題

◆次の記述のうち，正しいものを１つ選びなさい。

A　社会的障壁が障害者の生活に影響するという社会モデルの考え方は，WHO（世界保健機関）が2001年に採択したICIDH（国際障害分類）のなかにも取り入れられている。

B　ICFの前身であるICIDHでは，障害を身体的障害，精神的障害，社会的不利の３つに分類している。

C　社会的不利は，人が抱える障害に原因があることがほとんどで，社会環境が障害者の生活におよぼす影響は少ない。

D　ICFでは，障害を構成する要素として健康状態，心身機能・身体構造，活動，参加，環境因子，個人因子があり，各要素は相互に影響を与えあっているととらえる。

3 障害者の現状と生活のしづらさ

教科書 p.100 ～ p.101

1 日本における障害者数

・国の調査によると，障害者の総数（推計値）は（① 　　　）万人である。
→日本の人口の約（② 　　）%に相当する。

▶障害者数の推計

障害種別	総数	在宅者数	施設入所者数
（③ 　　　）	436.0 万人	428.7 万人	7.3 万人
（④ 　　　）	109.4 万人	96.2 万人	13.2 万人
（⑤ 　　　）	419.3 万人	389.1 万人	30.2 万人

内閣府「障害者白書（2021年）」による

・障害者の総数は，前回調査より（⑥ 　　　）しており，施設入所者よりも（⑦ 　　　）のほうが多い。

◎障害別の施設入所者（精神障害の場合は入院患者）の割合
・身体障害……1.7%
・知的障害……12.1%
・精神障害……7.2%

（⑧ 　　　）で施設入所者の割合が高い。

2 障害者の生活のしづらさ

・内閣府の調査によると，障害の種類にかかわらず，常に何らかの生活上の（⑨ 　　　）を抱えている障害者が多い。

▶日常生活を送る上で必要な介助（各種手帳所持者，65歳未満）

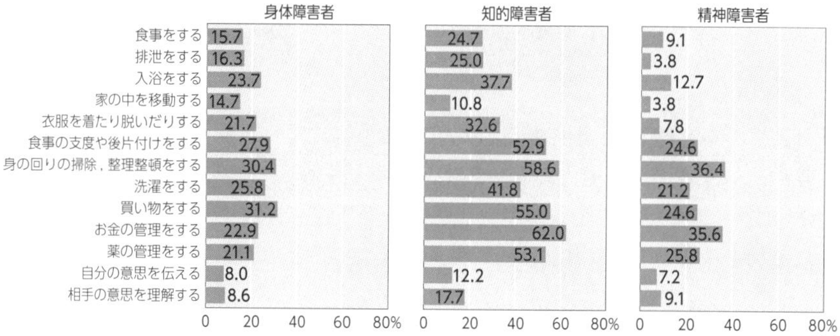
身体障害者
知的障害者
精神障害者
食事をする 15.7 24.7 9.1
排泄をする 16.3 25.0 3.8
入浴をする 23.7 37.7 12.7
家の中を移動する 14.7 10.8 3.8
衣服を着たり脱いだりする 21.7 32.6 7.8
食事の支度や後片付けをする 27.9 52.9 24.6
身の回りの掃除，整理整頓をする 30.4 58.6 36.4
洗濯をする 25.8 41.8 21.2
買い物をする 31.2 55.0 24.6
お金の管理をする 22.9 62.0 35.6
薬の管理をする 21.1 53.1 25.8
自分の意思を伝える 8.0 12.2 7.2
相手の意思を理解する 8.6 17.7 9.1
0 20 40 60 80%

内閣府「生活のしづらさなどに関する調査（2016年）」による

→障害者が生活の多くの場面で（⑩ 　　　）を必要としていることがわかる。

練習問題

◆次の記述が正しければ○，誤っていれば×をつけなさい。

A　障害者数は，障害種別で見ると，身体障害者の割合が最も高い。
B　障害別に見ると，知的障害よりも精神障害のほうが施設入所者の割合が高い。
C　障害の種類にかかわらず，常に何らかの生活上の不便さを抱えている障害者が多い。
D　知的障害者においては，家の中を移動する場面で介助を必要とする割合が高い。

A		B		C		D	

1 **障害者福祉の理念**

・障害者福祉を実践する過程で，（①　　　　　　　　）など社会におけるさまざまな問題があり，社会
を変えようという意識と共に障害者福祉の理念は生まれた。

2 **ノーマライゼーション**

・バンク-ミケルセン……デンマークの社会活動家。（②　　　　　　　　　　　　）の理念を生み出し
たことから，「ノーマライゼーションの（③　　　　　　）」といわれる。

→（④　　　　　　　）（知的障害者及びその他の発達遅滞者の福祉に関する法律）を成立させた。

・（⑤　　　　　　　）……デンマークの改革に影響を受け，ノーマライゼーションの原理について多く
の論考をまとめた。

・ニィリエによるノーマライゼーションの定義

　　「ノーマルな生活様式や日常生活を障害を持つすべての人に合った形で適用していくこと」

→すべての人がふつうで（⑥　　　　　　　　　　　）を享受する社会をつくること。

◆**ニィリエがまとめたノーマライゼーションの 8 つの原理**

❶一日のノーマルなリズム	❺ノーマルな個人の尊厳と（⑦　　　　　　　　）
❷一週間のノーマルなリズム	❻その文化におけるノーマルな性的関係
❸一年間のノーマルなリズム	❼その社会におけるノーマルな経済水準とそれ
❹ライフサイクルにおけるノーマルな発達的経	を得る権利
験	❽ノーマルな環境形態と水準

3 **自立生活運動**

・エド・ロバーツ……自身も重度身体障害があり，訓練中心の医学的リハビリテーションに対抗し，
（⑧　　　　　　）という主体的な生き方を主張した。この運動は，全米，さらには世界中に影響を
与えた。

→「（⑨　　　　　　）」という理念を社会に強く訴え続けた自立生活運動の意義は，ノーマライゼー
ションの理念と共に現在まで受け継がれている。

・自立生活センター……（⑩　　　　　　　）の理念を具体化し社会に伝える役割を果たす。

✎練習問題

◆次の記述のうち，誤っているものを 1 つ選びなさい。

　A　ノーマライゼーションの理念を社会に広めたニィリエは，「ノーマライゼーションの育ての親」
　　といわれる。

　B　ノーマライゼーションの考え方は，1950年代にアメリカで知的障害者を持つ親の会の運動から
　　生まれた。

　C　アメリカのエド・ロバーツは，自立生活という主体的な生き方を主張し，その運動は全米，さ
　　らには世界中に影響を与えた。

　D　自立生活センターでは主に，介助サービス，自立支援プログラム，住宅サービス，ピア・カウ
　　ンセリングを提供する。

1 **障害者基本法**

◎障害者基本法の内容

　・障害者の定義，地域社会における（①　　　　　），（②　　　　　　　　）の禁止などの理念を明記。

　・（③　　　　　　　　　）の策定を国に義務づけている。

◆**障害者基本法に掲げられた共生社会の理念（一部抜粋）**

第3条 1　全て障害者は，社会を構成する一員として社会，経済，文化その他あらゆる分野の活動に（④　　　）する機会が確保されること。	2　全て障害者は，可能な限り，どこで誰と生活するかについての選択の機会が確保され，地域社会において他の人々と（⑤　　　）することを妨げられないこと。

◎第2次障害者基本計画（2002年）

　・「共生社会」の理念……「21世紀に我が国が目指すべき社会は，障害の有無にかかわらず，国民誰もが相互に人格と個性を尊重し支え合う（⑥　　　　　）とする必要がある」と明記された。

◎第4次障害者基本計画（2018～2022年）

　・（⑦　　　　　　　　）からの復興，東京パラリンピックを契機としたバリアフリーの推進など，時代に即した行政計画として策定されている。

2 **障害者福祉制度の歴史**

・（⑧　　　　　　　　　）……正式名称は「障害者の日常生活及び社会生活を総合的に支援するための法律」。障害者自立支援法を改正・名称変更したもの。

・市町村障害福祉計画……全国の市町村は，障害者総合支援法にもとづき，障害福祉サービスの整備などに関する計画を策定しなければならないとされている。

3 **現在の障害者福祉制度の概要**

・障害者雇用促進法……正式名称は「障害者の雇用の促進等に関する法律」。企業が一定割合の障害者を（⑨　　　）する義務を定め，労働の機会を保障している。

・特別障害者手当などの各種手当

・障害基礎年金，生活保護における（⑩　　　　　　　）などの所得保障の制度　など

✐練習問題

◆**次の記述が正しければ〇，誤っていれば×をつけなさい。**

　A　市町村障害福祉計画は，1年間を期間として障害福祉サービスを提供する行政計画である。

　B　障害者基本法には，障害者の定義や地域社会における共生など，重要な理念が明記されている。

　C　障害のある者同士がたがいに支えあう社会を共生社会という。

　D　障害者雇用促進法は，企業が一定割合の障害者を雇用する義務を定めている。

A		B		C		D	

6　身体障害者の現状と支援

教科書 p.106 ～ p.107

■1　身体障害者の定義

・（①　　　　　　　　　　）の第 4 条で，身体障害者について「別表に掲げる障害がある18歳以上の者であって，都道府県知事から（②　　　　　　　　　　）の交付を受けたもの」と定義されている。

◆「別表」に定められた障害種別

❶視覚障害	❹（③　　　　　　　　　　）
❷聴覚又は平衡機能の障害	❺心臓・腎臓又は呼吸器の機能の障害その他政令で定める障害
❸音声機能・言語機能又はそしゃく機能の障害	

→福祉サービスが受けられるのは，上記の障害の他，国が指定した（④　　　　　　　）で身体障害の状態にあると判断された場合である。

・身体障害者手帳……都道府県または指定都市にある（⑤　　　　　　　　　　　）で，医師による障害の状態の判定を受けて交付される。

→施設入所や訪問介護など，各種の福祉サービスを利用する際に，必要となる場合が多い。

■2　身体障害者の生活ニーズとそれを支える制度

❶移動を支援する制度

・（⑥　　　　　　　　　　　　）……屋内外の移動や，食事・入浴・排せつなどをサポートするホームヘルパーの派遣，車いすや白杖などの補装具を低額の負担で支給するサービスなどが定められている。

・バリアフリー新法……正式名称は「（⑦　　　　　　　　　　）の移動等の円滑化の促進に関する法律」。高齢者や障害者などの移動の制限を解消するため，建物や交通機関など（⑧　　　　　　　）の整備について定められている。

❷コミュニケーションを支援する制度

・視覚，聴覚，言語などに障害がある人のコミュニケーションには，点字や補聴器などが必要であり，そのために（⑨　　　　　　）の支給制度や，日常生活用具の給付または貸与の制度がある。

・心理的な支援として，身体疾患の後遺症による中途障害者の場合，（⑩　　　　　　）に対する支援が重要である。

✎練習問題

◆次の記述のうち，正しいものを 1 つ選びなさい。

A　身体障害者更生相談所は，各市町村が設置している。

B　身体障害者手帳の交付を受けるには，介護福祉士による障害の状態の判定を受ける必要がある。

C　バリアフリー新法は，障害者の移動の円滑化をはかるための社会環境整備に関する法律で，高齢者はその対象ではない。

D　身体疾患の後遺症による中途障害者の場合，障害受容に対する支援が重要である。

7 知的障害者の現状と支援

教科書 p.108 ～ p.109

1 知的障害者の定義

・現在，知的障害者の定義は明確にされておらず，（①　　　　　　　　　　）にも明記されていない。

　→一般には，「精神薄弱児（者）福祉対策基礎調査」において用いられた「知的機能の障害が発達期（おおむね（②　　　）歳まで）にあらわれ，日常生活に支障が生じているため，何らかの特別の援助を必要とする状態にあるもの」という定義が用いられる。

・知的障害の判定を行う機関

　児童の場合→（③　　　　　　　　），成人の場合→（④　　　　　　　　　　）

・知能指数（IQ）……人の知能の基準を（⑤　　　　　）したもの。フランスの心理学者ビネーが1905年に開発した。知的機能の障害を判断する指標として用いられている。

　→（⑥　　　　　　　）の結果と，生育歴や社会生活能力の状況などから，専門家が総合的に判定し，知的障害があると判定されると，（⑦　　　　　　）が発行される。

・療育手帳制度……制度の根拠は知的障害者福祉法ではなく，1973年の厚生事務次官通知にもとづき（⑧　　　　　　）で運用されている。

2 知的障害者の生活に必要な支援

・知的障害のある人が社会で生活していく際の障壁は，身近なところに多く存在しており，生活上の制限が生じてしまう。

　→衣・食・住の日常生活，教育・労働・消費など社会生活の多くの場面において，（⑨　　　　　　　）を理解したうえでの支援が必要となる。

3 知的障害者と脱施設化

・知的障害者は日常生活および社会生活の多くの場面で社会的障壁に直面するため，かつては，入所施設を郊外に建設し，生活基盤とせざるを得なかった。

・「（⑩　　　　　　）」の問題……親が元気なうちは介護などのケアができるが，親に先立たれた後，生活基盤や介護をどう確保するかという問題。

　→現在では，障害者基本法（第3条）にあるように，重度の障害があっても地域社会のなかで当たり前の生活を送ることが福祉の理念として掲げられている。

練習問題

◆次の記述が正しければ○，誤っていれば×をつけなさい。

A　知的障害者福祉法には知的障害者の定義が明記されている。

B　知的障害の判定を行う機関は，成人の場合，知的障害者更生相談所である。

C　知能検査によって知能をある程度指標化することはできるが，総合的な知的能力を定義するのは容易ではないため，常に人間の尊厳について問う姿勢が大切である。

D　知的障害者は生活上の障壁が多いため，可能な限り入所施設で生活することが望ましい。

A		B		C		D	

8 精神障害者の現状と支援

教科書 p.110〜p.111

1 精神障害者の定義

・1993年に成立した（①　　　　　　　　　）で，精神障害者が福祉の対象であると規定された。

→精神障害者は（②　　　　　）を必要とする「傷病者」であり，（③　　　　　　　　）を必要とする「障害者」でもある。医療と福祉の連携が重要。

・1995年に成立した（④　　　　　　　　　　）による精神障害者の定義

「統合失調症，精神作用物質による急性中毒又はその依存症，知的障害，精神病質その他の精神疾患を有する者」とある。

・精神障害者保健福祉手帳……等級は（⑤　　　　　　　）級に区分される。手帳を申請する際，障害の判定には（⑥　　　　　　　）の診断が必要。

2 精神医療の歴史

▶精神医療に関する法律と歴史

	法律名	内容や背景
1900年	精神病者監護法	精神障害者を自宅内に閉じこめる，（⑦　　　　　　　）という制度があった。
1950年	（⑧　　　　　　　　　）	徐々に精神科病院が整備された。私宅監置は廃止されたが，精神科病院における不必要な長期入院や患者への暴行事件など，（⑨　　　　　　　）が次々と起こった。
1987年	精神保健法	精神衛生法が名称変更された。
1995年	精神保健福祉法	精神保健法が名称変更。福祉サービスが拡充された。

・精神障害者の退院促進……かつて精神科病院における不必要な長期入院が問題になったが，現在も日本の人口当たり精神科病床数は先進国でも突出して高く，（⑩　　　　　　　　　　　　　　　）の観点から，不必要な長期入院の解消は重要な政策課題となっている。

3 精神障害者の生活に必要な支援

・統合失調症……幻覚や（⑪　　　　　）などの症状がある。投薬や入院による治療をする。社会復帰には，医療職のほか（⑫　　　　　　　　　　）など生活支援の専門職の存在が重要である。

・精神保健福祉士……1997年の精神保健福祉士法の成立により誕生した国家資格。精神障害者の保健および福祉に関する専門的知識・技術を用いて，相談・助言・指導などを行う専門職。

✐練習問題

◆次の記述のうち，正しいものを1つ選びなさい。

A　精神障害者は生活支援を必要とする「障害者」であるが，医療を必要とする「傷病者」ではない。

B　現在でも，私宅監置の制度は存続している。

C　精神保健福祉士は，精神障害者の社会復帰などに関する相談や助言，指導などを行う。

D　日本の人口当たり精神科病床数は先進国のなかでは低く，不必要な長期入院の問題は現在ではすべて解消されている。

1 発達障害者の定義

・発達障害者は，1993年の（① 　　　　　　　　）の制定時，法律上の障害者に含まれていなかった。

・発達障害者支援法……2004年成立。専門機関として（② 　　　　　　　　　　　　）が都道府県・指定都市に設置された。

◆**発達障害者支援センターの主な機能**

❶発達障害者および（③　　　　　）に対する専門的な相談・助言	行う関係機関，民間団体に対する情報提供および研修
❷専門的な発達支援および就労の支援	❹（④　　　　　）などの業務を行う関係機関および民間団体との連絡調整　など
❸医療，保健，福祉，教育などに関する業務を	

・2011年に障害者基本法が改正され，発達障害者は精神障害者の範囲に含まれると定義された。
　→基本的な福祉サービスについては，他の障害と同様に（⑤　　　　　　　　　）にもとづいて提供される。

・発達障害の定義（発達障害者支援法より）
　「自閉症，（⑥　　　　　　　　　）その他の広汎性発達障害，学習障害，注意欠陥多動性障害その他これに類する（⑦　　　　　　）の障害であってその症状が通常低年齢において発現するものとして政令で定めるもの」とある。

・発達障害者の定義（発達障害者支援法より）
　「発達障害がある者であって発達障害及び（⑧　　　　　　　　）により日常生活又は社会生活に制限を受けるもの」とされる。

2 発達障害者の生活に必要な支援

・精神障害者保健福祉手帳……発達障害者が福祉サービスを利用する際，（⑨　　　　　）の診断にもとづいて申請する。

・発達障害では，（⑩　　　　　　　　　　）の場面で情報の受け取り方や発信のしかたに特徴があり，それが周囲に理解されにくいことから，社会生活がうまくいかないことがある。
　→コミュニケーション方法をトレーニングしたり，周囲の人々の（⑪　　　　　　　）を促したりする支援が必要。

✏️**練習問題**

◆**次の記述が正しければ○，誤っていれば×をつけなさい。**

A　発達障害は，脳機能の障害であり，その症状が通常低年齢において発現するものをいう。

B　発達障害者は精神障害者の範囲に含まれないため，障害者総合支援法の対象とならない。

C　発達障害者支援センターは，都道府県・政令指定都市に設置され，発達障害者やその家族に対して相談・助言の他，発達支援，就労支援などを行っている。

D　発達障害のうち，「読む」，「書く」，「計算する」等の能力が，全体的な知的発達に比べて極端に苦手なものを，注意欠陥多動性障害（AD／HD）という。

A		B		C		D	

10 障害者総合支援法の現状と課題 教科書 p.114 〜 p.115

1 障害者総合支援法の事業体系

・障害者総合支援法にもとづく主な福祉サービスは，各障害共通の制度として支給される。一人ひとりの多様な生活上の（①　　　　　）に合ったサービスを提供することが求められる。

▶障害者総合支援法にもとづく事業

（②　　　　　）	居宅介護，重度訪問介護，短期入所，施設入所支援など
訓練等給付	自立訓練，就労移行支援，自立生活援助，共同生活援助など
自立支援医療	（③　　　　　），育成医療，精神通院医療
（④　　　　　）	車いす，白杖の支給など
（⑤　　　　　）	計画相談支援，地域相談支援
地域生活支援事業	移動支援，日常生活用具の給付・貸与，地域活動支援センターなど

2 サービス支給決定までの流れ

▶サービス利用の流れ

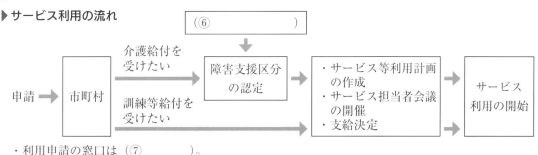

・利用申請の窓口は（⑦　　　　　）。

・介護給付のサービスを使う場合は，（⑧　　　　　　）の認定を受ける必要がある。

　→3障害共通・全国共通の基準で，「区分1」から「区分6」までの6段階。

3 障害者総合支援法の今後の課題

・現在，日本の福祉施策は（⑨　　　　　　）を重視している。障害者にとって住まいの選択肢は増えたが，解決すべき課題も出てきている。

　→障害者が地域の一員として自分らしく生活できること（地域生活の質）が重要。

・相談支援専門員……障害者福祉分野の（⑩　　　　　　　　）を担う専門職。

✐練習問題

◆次の記述のうち，誤っているものを1つ選びなさい。

A　障害者総合支援法にもとづく事業は，自立支援給付と呼ばれる介護給付，訓練等給付，自立支援医療，補装具，相談支援と，地域生活支援事業を合わせた6つの柱で構成されている。

B　障害者総合支援法による福祉サービスのうち，介護給付のサービスを利用するには，障害支援区分の認定を受けなければならない。

C　障害者総合支援法では，福祉サービスにおける利用者の負担は，原則として事業者の報酬額の3割を上限とした応能負担となっている。

D　地域の相談支援事業所で働く相談支援専門員は，障害者の地域生活を支えるためのケアマネジメントを担う専門職として期待されている。

11 障害者福祉の今後のあり方

教科書 p.116 ～ p.117

1 国連・障害者の権利に関する条約

◎国連は，2006年に国際条約である（①　　　　　　　　　　　　　　　　）（障害者権利条約）を採択。

▶障害者権利条約の目的（第1条）

全ての障害者によるあらゆる（②　　　　）及び基本的自由の完全かつ平等な享有を促進し，保護し，及び確保すること並びに障害者の固有の（③　　　　）の尊重を促進すること

→日本は2007年にこの条約に署名。国内法の整備を進め，（④　　　　）年に正式に条約に批准した。

▶障害者福祉に関する制度改革

・障害者基本法の改正（2011年） ・障害者虐待防止法の制定（2011年） ・障害者自立支援法を（⑤　　　　　　　　） 　に改正・名称変更（2012年）	・障害者差別解消法の制定（2013年） ・障害者雇用促進法の改正（2013年） 　　　　　　　　　　　　　　など

2 障害者福祉の近年の動向～人権擁護の強化

・障害者虐待防止法……障害者虐待の定義を示し，市町村に（⑥　　　　　　　　　　　　　）を設置することを定めた。

→障害者虐待防止センターでは，虐待を受けた障害者の（⑦　　　　）や，虐待した側も含めた相談・指導・助言，広報・啓発活動などを行う。

・障害者差別解消法……障害者権利条約のキーワードでもある（⑧　　　　　　　）を法的義務として定めた。

→国や地方の行政機関や民間事業者による障害を理由とする差別（不当な（⑨　　　　　　　）と合理的配慮の不提供）を禁じる。

3 共生社会をめざして

・社会的障壁をなくすためには，なぜ障壁があるのかという視点が重要。

・障害者基本計画が掲げる（⑩　　　　　　）を築くためには，障害の有無をこえて共に社会的障壁をなくしていくという意識を地域全体で共有することが必要。

練習問題

◆次の記述が正しければ○，誤っていれば×をつけなさい。

A　日本は障害者権利条約に2007年に批准し，障害者福祉に関する制度改革を進めていった。

B　障害者虐待防止法では，身体的虐待，心理的虐待，性的虐待，ネグレクト，経済的虐待などの行為が障害者虐待にあたると定義している。

C　障害者雇用促進法では，国や地方の行政機関や民間事業者による，障害を理由とした不当な差別的取扱いと合理的配慮の不提供を禁じている。

D　障害の有無をこえて共に社会的障壁をなくそうという意識を地域全体で共有することは，共生社会の実現のために必要である。

A	B	C	D

高齢者福祉と介護保険制度

1 日本が直面する人口構造の高齢化

教科書 p.118 ～ p.119

1 日本の人口の動向

◎日本の総人口は約1億2,571万人（2020年10月）で，約100年前の1920年の人口（約5,596万人）と比較すると（①　　　）倍以上に増えている。

→ただし，2008年以降の人口の推移を見ると，連続して（②　　　　）している。

◎将来の人口推計

・年少人口（15歳未満）と生産年齢人口（15～64歳）は（③　　　　）が続く。

・高齢者人口（65歳以上）が上昇。特に，前期高齢者人口（65～74歳）に比べ，

（④　　　　　　　　）（75歳以上）が急速に増加すると見込まれる。

2 人口の高齢化

◎高齢化率……総人口に占める（⑤　　　　　　　）（65歳以上人口）の比率。

→日本の高齢化率は28.8％（2020年10月）で，世界一の水準にある。

▶高齢化社会と高齢社会

高齢化社会	高齢化率が（⑥　　　）％をこえた社会。
高齢社会	高齢化率が（⑦　　　）％をこえた社会。

→日本の高齢化率が7％から14％になるのに要した期間は24年で，主要国中トップである。

3 日本の高齢化の特徴と要因

◎特徴……日本の高齢化率は，今後約50年にわたって上昇が予測されている。

→2065年には高齢化率は38.4％に達し，約2.6人に1人が65歳以上，約（⑧　　　）人に1人が75歳以上になると見込まれる。

◎要因

高齢者人口の増加	（⑨　　　　　　　）の低下，平均寿命の伸び。 →生活環境の改善，食生活・栄養状態の改善，医療技術の進歩など。
若年人口の減少	（⑩　　　　　　　）の進行。 →未婚率の増加や晩婚化，子育ての経済的負担，育児と仕事の両立困難など。

4 日本の人口構造の高齢化における課題

・高齢化の（⑪　　　　　　）……都道府県別の後期高齢者人口の推計を見ると，増加が最も顕著な沖縄県と最もゆるやかな秋田県の間には大きな差がある。

・一人暮らし高齢者の増加……世帯総数に占める世帯主が75歳以上の（⑫　　　　　　　）の割合も増加が見込まれる。

練習問題

◆次の記述が正しければ〇，誤っていれば×をつけなさい。

A　60歳以上の高齢者の人口が総人口に占める割合を高齢化率という。

B　2065年には日本の高齢化率は38.4％に達し，約2.6人に1人が65歳以上になると見込まれる。

C　高齢化の要因は，死亡率の低下による65歳以上人口の増加と少子化の進行に大別される。

D　高齢化に伴い，高齢化の地域差がなくなることと，一人暮らし高齢者が減少することが考えられる。

A	B	C	D

2 高齢者の生きがいと健康づくりに向けて

教科書 p.120 〜 p.121

1 老化とは

・恒常性……内部環境・外部環境が変動しても，生物が常に生体の（① 　　　　　）を自動的に保つはたらき。年齢を重ねると恒常性が徐々に低下し，心身の機能が衰える。

→老化は，子どもの発達や成長に比べ，きわめて（② 　　　　　）が大きい。

2 健康の保持・増進

・厚生労働省の調査によると，（③ 　　　　　）（病気やけが等で自覚症状のある者）は65歳以上で多くなっている。

・65歳以上の者の死因で多いもの

❶（④ 　　　　　）（がん）	❷心疾患（高血圧性を除く）	❸老衰

・（⑤ 　　　　　　　　）……日常生活の活動性が低下することによって起こる身体的機能・精神的機能の全般的な低下。生活不活発病ともいう。

・フレイル……加齢と共に心身の活力が低下し，生活機能が障害され，心身の（⑥ 　　　　　）が出現した状態。

→適切な介入・支援により，生活機能の維持向上が可能な状態。

> 介護予防の取り組みが重要。

3 高齢者の社会参加

・充実した老後を過ごすために，学習活動や（⑦ 　　　　　　　　）などを通じて心の豊かさや生きがいの充足の機会を得ることが重要。

・60歳以上の者の社会活動の状況……60〜69歳では（⑧ 　　　）％，70歳以上では47.5％の人が働いているか，何らかの活動を行っている。

・老人クラブ……（⑨ 　　　）歳以上を会員として，生きがいを高め健康づくりを進める活動や，ボランティア活動などを実施。

4 健康寿命

・健康づくりや社会参加が進むことで高齢者の生活が豊かになるだけでなく，（⑩ 　　　　　　　）の伸びも期待されている。

→身体的にも精神的にも豊かな老後を送れる可能性が高まり，（⑪ 　　　　）の向上も期待できる。

✎練習問題

◆次の記述のうち，正しいものを１つ選びなさい。

A　年齢を重ねると恒常性が徐々に向上し，心身の機能が衰えてくる。

B　フレイルとは，加齢と共に心身の活力が低下し，生活機能が障害され，心身の脆弱性が出現した状態をいう。

C　65歳以上の者の死因で最も多いのは心疾患，ついで老衰，悪性新生物の順となっている。

D　老人クラブは65歳以上が会員で，社会奉仕や健康づくりのための活動を行っている。

3 介護保険制度の誕生

教科書 p.122 〜 p.123

1 介護保険制度の創設と目的

◎介護保険制度……高齢者介護の問題に対応するため，（①　　　　　）年から実施。

→被保険者が公平に保険料を負担するしくみである（②　　　　　　　　　　）を導入している。

◎介護保険制度の目的

・介護の（③　　　　　）・尊厳の保持……高齢期の介護の問題に対して高齢者の（④　　　　　）を損なうことなく社会全体で対応すること。

・自立支援……高齢者が介護が必要になっても，自らの（⑤　　　　　）にもとづいて自立した質の高い生活を送ることを支援すること。

・（⑥　　　　　　　　）とサービスの総合化……高齢者自身の選択にもとづいてさまざまな介護サービスを総合的に利用できるようにすること。

2 介護保険制度の保険者と被保険者

▶保険者と被保険者

保険者	実施主体：（⑦　　　　　）	保険料の徴収や被保険者の資格管理，要介護認定などの事務を担う。
被保険者	第（⑧　　　）号被保険者	65歳以上の者。
	第（⑨　　　）号被保険者	40歳以上65歳未満の医療保険加入者。

3 介護サービスの利用の流れ

❶被保険者が市町村に要介護認定・（⑩　　　　　　　）の申請を行う。

❷介護認定審査会より（⑪　　　　　）1〜5，要支援1〜2の認定を受ける。

→要介護・要支援状態に陥る恐れがある場合，（⑫　　　　　　　　　）に該当すれば，給付とは別の事業（総合事業）を利用できる。

❸認定後，介護サービスを利用する場合は，原則として（⑬　　　　　　　　）（ケアマネジャー）に介護サービス計画（（⑭　　　　　　　））を作成してもらう。

→サービスの利用には，総額の（⑮　　　　　）割の自己負担が必要となる。

・ケアプラン……高齢者の心身の状態や希望に合わせた介護サービスを利用できるように，具体的な内容を定めた計画書。利用者自身も作成することができる。

✎練習問題

◆次の記述のうち，誤っているものを1つ選びなさい。

A　介護保険制度の運営責任を担う組織（保険者）は市町村である。

B　介護保険制度の第2号被保険者は，40歳以上65歳未満の医療保険加入者である。

C　介護認定審査会で要介護，要支援に認定されなくても，介護保険によるサービス（保険給付）を受けることができる。

D　介護サービスを利用する時は，原則としてケアマネジャーにケアプランを作成してもらう。

4 介護保険制度の見直し

教科書 p.124 ～ p.125

1 介護保険制度の課題

・介護保険制度の要介護認定者数は，制度施行当初の218万人から644万人（2018年）に，総費用額は3.6兆円（2000年度）から11.1兆円（2018年度予算）になった。

→国や自治体の財政的な負担や（①　　　　　　　　　）などが増大している。

・認知症高齢者や（②　　　　　　　　　）も増加し，新たな課題が生じている。

2 制度の持続可能性の確保

・介護保険制度は，将来にわたって安定的に存在し，機能し続けるものでなければならないという（③　　　　　　　　　）の観点から，数年ごとに見直しされている。

・2006年の改正で，（④　　　　　　　　　）への転換を柱とする見直しが行われた。また，介護保険施設における（⑤　　　　　　　　）などが給付の対象外となった。

・2015年に，一定以上の所得者の自己負担は１割から（⑥　　）割に，2018年に現役並み所得者は（⑦　　）割となった。

→一方で，（⑧　　　　　　　　）については保険料負担の軽減が拡大されている。

3 地域包括ケアシステムの構築

・介護・医療・介護予防のサービスやその他のさまざまな（⑨　　　　　　　　　）を提供できる体制の構築をめざす（⑩　　　　　　　　　　　　）の構築や推進のための見直しが行われている。

・2006年に（⑪　　　　　　　　　　　）が創設され，小規模多機能型居宅介護などが位置づけられた。

・2012年には定期巡回・随時対応型訪問介護看護などが創設された。

・2012年に，要支援者や基本チェックリスト対象者向けに市区町村が介護予防などのサービスを実施する（⑫　　　　　　　　　　　　　　　）が創設された。

4 介護人材の確保

・要介護高齢者は今後も増加が見込まれるため，（⑬　　　　　　　）の確保も課題。

→介護職員の（⑭　　　　　　　）などが急務となっている。

練習問題

◆次の記述が正しければ○，誤っていれば×をつけなさい。

A　介護保険の総費用額は，減少傾向にある。

B　介護保険制度は，将来も安定的に存在し，機能するものでなければならないという制度の持続可能性の観点から，数年ごとに見直しが行われている。

C　介護保険の自己負担額は，2015年に一定以上の所得者は１割から３割に，2018年に現役並み所得者は５割となった。

D　要介護高齢者は今後も増加する見込みなので，介護人材の確保も重要な課題である。

A		B		C		D	

5 高齢者の在宅サービス（福祉系）

教科書 p.126 〜 p.127

1 在宅サービスの重要性

◎多くの人は，介護が必要となった時に（① 　　　　　）で介護を受けたいと考えている。

◎社会福祉分野の理念は，近年は（② 　　　　　　　　）を重視する傾向にある。

・コミュニティケア……福祉施設や医療機関に入所・入院している障害者や高齢者を（③ 　　　　）
に移すことや，障害や加齢に伴う生活の困難さがあっても地域のなかでの支援を重視する実践。

➡在宅サービスの重要性が増している。

2 介護保険制度の主な在宅サービス（福祉系）

❶訪問介護（ホームヘルプサービス）……在宅の高齢者に（④ 　　　　　　　）（ホームヘルパー）が
訪問するサービス。

（⑤　　　　）介護	排せつ・入浴・食事などの介助。
（⑥　　　　）援助	家事や薬の受け取りなどの支援。
その他	通院などの介助や生活上の相談・助言。

❷通所介護（（⑦ 　　　　　　　）） ……在宅の高齢者が日中の通いの場を利用することで，社会交流
の機会を拡大すると共に，心身機能の維持・改善や介護者家族の負担軽減をはかるもの。

❸短期入所生活介護（（⑧ 　　　　　　　　）） ……在宅の要介護高齢者が，介護老人福祉施設（特別
養護老人ホーム）などに短期間入所して介護を受けるもの。

❹その他……訪問入浴介護，福祉用具貸与，住宅改修など。

3 高齢者の在宅生活を支援する相談機関

◎地域包括支援センター

・保健師，社会福祉士，（⑨ 　　　　　　　　　　　）（ケアマネジャー）が配置されている。

・高齢者の総合相談・権利擁護・介護予防支援や介護予防ケアマネジメントなど，高齢者の在宅生
活継続のための支援を行う。

◎居宅介護支援事業所

・介護支援専門員（ケアマネジャー）が配置されている。

・要介護高齢者の（⑩ 　　　　　　　　　）を担っており，在宅サービスの利用相談と介護サービ
ス計画（（⑪ 　　　　　　））の作成などを行う。

✎練習問題

✦次の記述のうち，正しいものを 1 つ選びなさい。

A 　介護が必要になった場合に，多くの人は介護施設や医療機関で介護を受けたいと考えている。

B 　在宅の要介護高齢者は，デイサービスを利用することはできない。

C 　要介護高齢者が一時的に自宅で介護を受けられない場合，ショートステイというサービスを利
用できる。

D 　地域包括支援センターには，医師，看護師，精神保健福祉士が配置されている。

6 高齢者の在宅サービス（医療系）

教科書 p.128 ～ p.129

1 在宅における医療系サービスの重要性

・慢性疾患……徐々に発病し，治療も経過も（①　　　　　　）を要する疾患。心臓病・高血圧・糖尿病・関節リウマチなど。

→高齢者は（②　　　　　　）が原因となって要介護状態に陥ることも多い。

・福祉関係者は，（③　　　　　　）や医療従事者などと協働・連携して在宅生活の支援に当たる必要がある。

→介護保険制度では医療系サービスが（④　　　　　　　　　）のなかに位置づけられている。

2 介護保険制度の主な在宅サービス（医療系）

❶訪問看護

（⑤　　　　　　）が医師の指示にもとづいて自宅を訪問し，在宅生活の支援や心身機能の維持・回復や悪化の防止を目的として，療養上の世話や診療の補助を行う。

❷訪問リハビリテーション

（⑥　　　　　　　　　　）専門職（理学療法士，作業療法士，言語聴覚士）が医師の指示にもとづいて要介護高齢者の自宅を訪問し，（⑦　　　　　）や（⑧　　　　　　）の維持・回復などを目的として，心身機能や生活機能の維持・向上のための訓練を行う。

・IADL……（⑨　　　　　　　　　　）のこと。調理，掃除，金銭管理など，認知機能と身体機能を複合的に使うことが必要な動作をさす。

❸居宅療養管理指導

要介護高齢者の自宅を（⑩　　　　）などが訪問し，介護方法についての指導や療養上の必要なことがらについての相談や介護サービスを利用するうえでの留意事項の指導などを行う。

❹通所リハビリテーション

要介護高齢者が医師の指示にもとづいて病院・診療所や（⑪　　　　　　　　　）に通所し，リハビリテーション専門職による心身機能や生活機能の維持・回復のために必要な訓練を行う。

❺短期入所療養介護（ショートステイ）

介護老人保健施設や介護医療院などで行われる（⑫　　　　　　）サービス。医療面の問題を抱えた要介護高齢者にも対応が可能な場合が多い。

練習問題

◆次の記述が正しければ○，誤っていれば×をつけなさい。

A　在宅介護では，福祉関係者はかかりつけ医や医療従事者などと協働・連携して在宅生活を支援することが必要である。

B　要介護高齢者が訪問看護のサービスを利用する場合は，介護保険制度ではなく医療保険制度に位置づけられた訪問看護が提供される。

C　短期入所療養介護では，看護の体制が不十分なため，医療面の問題を抱えた要介護高齢者には対応できない場合が多い。

D　理学療法士，作業療法士などが要介護高齢者の自宅を訪問して，心身の機能や生活機能の維持・向上のための訓練を行うことを訪問リハビリテーションという。

A		B		C		D	

1 **地域密着型サービスの意義・目的**

・地域密着型サービス……高齢者が（①　　　　　　　）地域での生活が維持できるよう支援するために設けられた介護保険制度のサービス。各市町村の住民のみが利用可能とされている。

・日常生活圏域……地理的条件，人口，交通事情，介護サービスを提供する施設の整備状況などを勘案し，（②　　　　　）の区域を区分したエリア。

　→市町村は（③　　　　　　　）ごとに地域の実情に合わせて必要なサービスを整備する。

2 **主な地域密着型サービス**

❶小規模多機能型居宅介護

　　「（④　　　）」を中心としながら，短期間の「（⑤　　　　　）」や自宅への「（⑥　　　）」を組み合わせてサービスを提供し，自宅での生活を支援する。

　・（⑦　　　　　）サービス（看護小規模多機能型居宅介護）……小規模多機能型居宅介護と訪問介護の機能を合わせ持ったサービス。

❷認知症対応型共同生活介護（（⑧　　　　　　　　　　））

　　共同生活を可能とする住居において，（⑨　　　　　）な環境で地域住民などと交流しながら，認知症高齢者一人ひとりが，自分らしい生活を送れるように支援する。

　→入浴，排せつ，食事などの介護が提供される。

❸認知症対応型通所介護（（⑩　　　　　　　　　　））

　　認知症高齢者を対象とした通所介護（デイサービス）を行う。利用定員が最大（⑪　　　）人以下という特徴がある。

❹定期巡回・随時対応型訪問介護看護

　　要介護高齢者の在宅生活を24時間・365日支えるためのサービス。

　→日中・夜間を通じて，訪問介護と（⑫　　　　　　）の両方を実施する。（⑬　　　　　　　）と随時対応を行う。

❺その他の地域密着型サービス

　　上記の他に，夜間対応型訪問介護，地域密着型通所介護，地域密着型特定施設入居者生活介護，地域密着型介護老人福祉施設入所者生活介護などがある。

✎練習問題

◆次の記述のうち，誤っているものを１つ選びなさい。

A　高齢者が住み慣れた地域での生活が維持できるよう支援するために設けられた介護保険制度のサービスを地域密着型サービスという。

B　小規模多機能型居宅介護では，「通い」の利用が基本で「泊まり」のサービスは行わない。

C　認知症対応型通所介護では，利用定員が最大12人以下という特徴がある。

D　要支援１～２の場合，地域密着型サービスの利用は，小規模多機能型居宅介護，認知症対応型共同生活介護，認知症対応型通所介護に限定される。

1 介護保険施設の変遷

・要介護高齢者のための入所施設には，1960年代から（① 　　　　　　　 ）のもとで整備された特別
養護老人ホーム，1980年代から（② 　　　　　　　 ）のもとで整備された老人病院や老人保健施設
などがあった。

・2000年に（③ 　　　　　　　 ）が実施され，上記の施設を再編する形で，入所施設の整備が進めら
れてきた。

2 介護保険施設の概要

❶介護老人福祉施設（特別養護老人ホーム）

　　要介護者のための介護・生活施設。老人福祉制度における（④ 　　　　　　　　　　 ）。要介護
高齢者に対し，入浴・排せつ・（⑤ 　　　 ）などの介護，日常生活上の世話，機能訓練，健康管理，
相談などのサービスを施設において提供する。

　➡近年は，（⑥ 　　　　　 ）個室の施設が増えている。

　・ユニット型個室……（⑦ 　　　 ）を基本とし，10人程度を1単位（ユニット）として介護を行う。

❷介護老人保健施設

　　要介護高齢者に対し，医学的管理のもとで看護や介護，機能訓練，日常生活上の世話などを行い，
（⑧ 　　　　　　　 ）を行って（⑨ 　　　　　 ）をめざすための施設。

❸介護医療院

　　長期療養を必要とする要介護高齢者に対し，療養上の管理や医学的管理のもとで看護・介護，必
要な（⑩ 　　　 ）を提供し，生活の場を提供すると共に，機能訓練や（⑪ 　　　　　 ）（ターミナル
ケア）などの機能を合わせ持った施設。

❹介護療養型医療施設

　　長期療養を必要とする要介護高齢者に対し，療養上の管理や医学的管理のもとで看護・介護や必
要な医療を提供する施設。

　➡（⑫ 　　　 ）年3月末までに廃止されることが決まっている。

✐練習問題

◆次の記述が正しければ○，誤っていれば×をつけなさい。

A　介護保険施設には，介護老人福祉施設，介護老人保健施設，介護医療院，介護療養型医療施設
　の4種類がある。

B　介護老人福祉施設では，ユニット型個室よりも多床室が増えている。

C　介護医療院は，介護療養型医療施設の廃止決定に伴い，2018年から設置が始まった。

D　介護療養型医療施設は特別養護老人ホームともいわれる。

A		B		C		D	

9 老人福祉施設と高齢者向け住宅

1 養護老人ホーム

・老人福祉法にもとづき，環境上の理由や（①　　　　　）理由で自宅での生活が困難な高齢者が入所できる施設。

　→日常生活の支援を行うと共に，自立した日常生活を営み（②　　　　　）に参加するために必要な訓練や援助を行う。

2 軽費老人ホーム

・軽費老人ホーム（（③　　　　　））は，老人福祉法にもとづき，身体機能の低下などによって日常生活を営むことに不安がある（④　　　）歳以上の者が低額な費用で入所できる施設。

　→相談および援助，社会生活上の支援や日常生活上の支援が行われる。

・ケアハウス以外に（⑤　　　），（⑥　　　　）が規定されていた。

　A型……食事提供が行われるなどの生活支援を実施。　｝　現在はケアハウスに
　B型……自炊するなど（⑦　　　　　）が基本。　　　　｝　一元化されている。

3 有料老人ホーム

・高齢者を入居させ，（⑧　　　　）の提供・介護（入浴，排せつ，食事などの介助）・家事（掃除や洗濯など）の供与・（⑨　　　　）のいずれかひとつ以上を提供する事業。

・生活費などの入居の費用は，全額を利用者が（⑩　　　　　）する。

・健康型，住宅型，介護付の3種類がある。

　（⑪　　　）型……介護が必要となった場合には退居が必要。

　（⑫　　　）型……介護が必要になった時は訪問介護などのサービスを利用しながら生活を継続できる。

　（⑬　　　）付……施設が提供する「特定施設入居者生活介護」を利用して生活することができる。

4 高齢者向け住宅

・2011年の（⑭　　　　　　　）の改正により，高齢者向けの住まいとしてサービス付き高齢者向け住宅の設置が進められている。

・居住者に対して（⑮　　　　　　　　）と生活相談サービスを提供する。

・入居中の高齢者の介護ニーズに対しては，高齢者自身が介護保険制度の居宅サービスなどを選択して利用する。

✎練習問題

✦次の記述が正しければ○，誤っていれば×をつけなさい。

　A　養護老人ホームへの入所は，国の決定にもとづいて行われる。

　B　軽費老人ホームには低額な費用で入所できる。

　C　有料老人ホームを設置する際は，都道府県知事に届け出なければならない。

　D　2011年の老人福祉法の改正により，サービス付き高齢者向け住宅の設置が進められている。

A		B		C		D	

第3編

10 認知症ケアの充実に向けて

教科書 p.136 〜 p.137

1 認知症とは

・認知症……「生後いったん正常に発達したさまざまな（①　　　　　　）が慢性的に減退・消失することで，（②　　　　　　）・社会生活を営めない状態」をいい，後天的な原因（主に脳神経細胞の（③　　　　　　））によって生じる認知や知能の障害のこと。

・認知症の種類……（④　　　　　　　　）型認知症，脳血管性認知症，前頭側頭型認知症，レビー小体型認知症など。

→いずれも症状が進行すると日常生活に支障が現れるため，周囲の人の理解や支援，介護サービスのあり方などが重要となる。

2 認知症ケア

・認知症高齢者に接する時に最も重要な原則は（⑤　　　　　）と（⑥　　　　　）である。高齢者のこれまでの暮らしや今の状況について理解し，（⑦　　　　　　　）が欠かせない。

→高齢者が「私のことをわかってくれる」という安心感を持つことができるように（⑧　　　　　　）を築くことが重要。

・パーソン・センタード・ケア……高齢者の「その人らしさ」を尊重し，本人自身をケアの（⑨　　　　　）としてとらえ，ケアの質とその人の生活の質を高めようとするもの。

3 認知症高齢者の特性

・認知症高齢者は，「能力が低下した人」，「支援の必要な人」ととらえられがちだが，（⑩　　　　　　　）があり，能力の向上も可能である。

→支援を行う際は，認知症高齢者の「能力」，「（⑪　　　　　　　）」，「やりたいこと」を尊重することが重要である。

4 認知症高齢者に対する施策

・認知症施策推進総合戦略（（⑫　　　　　　　　　　　））……2015年に策定。「（⑬　　　　　　　）」にもとづいた施策を実施する。認知症サポーターの養成，介護サービスの基盤整備，認知症カフェの設置・普及などが進められている。

・（⑭　　　　　　　　　）……認知症を正しく理解し，認知症の人や家族を温かく見守り，できる範囲で手助けを行う市民。

・（⑮　　　　　　　　）……認知症高齢者やその家族などが地域のなかで気軽に過ごすことができる場所。情報交換や，医療・介護の専門職への相談ができる。

練習問題

◆次の記述のうち，正しいものを1つ選びなさい。

A　認知症とはいえないが正常ともいえない状態で，認知症の前駆状態とされるものを，脳血管性認知症という。

B　認知症高齢者に接する時に最も重要な原則は，個別化と受容である。

C　認知症高齢者は日常生活に支援が必要な存在であるため，能力の向上は期待できない。

D　新オレンジプランの7つの柱に，「若年性認知症」は含まれていない。

1 **高齢者福祉の課題**

・少子高齢化が進み，支援や（① 　　　　 ）を必要とする高齢者が増加する一方で，それを支える

（② 　　　　 ）が減少している。

→今後，2040年前後までは高齢者人口は増加し，（③ 　　　　 ）と若年層の人口は減少すると推測

されている。

・従来の公費（税）や（④ 　　　　 ）による制度・施策や一部の専門職による支援では限界があり，

これまでにない制度やしくみの構築が急がれている。

2 **高齢者虐待の防止**

・近年，家族介護の環境の過酷さや介護の重度化を背景として，高齢者に対する（⑤ 　　　　 ）が増加

している。

▶高齢者に対する虐待の主な理由（厚生労働省調査による）

養護者（介護者家族など）	（⑥ 　　　　 ）・介護ストレス
養介護施設従事者（介護職員など）	教育・知識・（⑦ 　　　　 ）等に関する問題

→（⑧ 　　　　 ）の必要性や，介護職員の知識・技術の向上のための支援の必要性がうかがえる。

・2006年に「（⑨ 　　　　 ）の防止，高齢者の養護者に対する支援等に関する法律（高齢者虐待

防止法）」が施行された。市町村を中心に虐待防止や家族への支援が進められている。

3 **地域包括ケアシステムの実現に向けて**

・（⑩ 　　　　 ）……今後の高齢者福祉のあり方のひとつ。要介護状態になっても

（⑪ 　　　　 ）地域で自分らしい暮らしを続けることができるよう，住まい・医療・介護・予防・

（⑫ 　　　　 ）サービスが一体的に提供されるしくみ。

→今後特に，高齢者を支援するための医療・介護の（⑬ 　　　　 ）が重要な課題となる。サービス提

供機関の間だけでなく，医療・介護の専門職の間で，価値観や専門技術などの特性を尊重する職

種間連携（所属機関や職種をこえた（⑭ 　　　　 ））は，地域包括ケアシステムの構築にお

いて不可欠である。

✎練習問題

◆次の記述のうち，誤っているものを１つ選びなさい。

A　今後，2040年前後までは高齢者人口は増加し，総人口と若年層の人口は減少すると推測されて

いる。

B　高齢者虐待防止法では，高齢者虐待を身体的虐待，ネグレクト，心理的虐待，性的虐待，経済

的虐待の５つに分けて規定している。

C　今後の高齢者支援に必要なのは，医療・介護サービスを別々に提供していくことである。

D　今後の高齢者福祉のあり方のひとつとして，地域包括ケアシステムの実現・構築が提唱されて

いる。

第 5 章

生活支援のための公的扶助

1 生活保護制度とは

教科書 p.140 ～ p.141

1 生活保護制度の目的と役割

・社会保険制度……けがや病気で治療費がかかったり，失業して収入がなくなったりするなど，経済的に（① 　　　　　）した場合に備えた防貧施策。

→社会保険制度には，医療保険制度や雇用保険制度などがある。

| それでもなお経済的に困窮し，最低限度の生活を送ることができなくなった場合 | → | （② 　　　　　　　　）である生活保護制度で救済する。 |

・生活保護制度……日本国憲法第25条の（③ 　　　　　　）の理念にもとづき，生活に困窮するすべての国民に対して必要な保護を行い（④ 　　　　　　　）を保障すると共に，その自立を助長することを目的とする制度。

→経済的に困窮した人々を救済する最後の（⑤ 　　　　　　　　　）の役割をする。

2 生活保護制度の基本原理

❶（⑥ 　　　　　　）の原理……国の責任において最低限度の生活保障を行うこと。

❷（⑦ 　　　　　　）の原理……生活保護法で定める要件を満たす限り，すべての国民が無差別平等に保護を受けることができること。

❸（⑧ 　　　　　　　）の原理……保障される最低限度の生活は，健康で（⑨ 　　　　　）な生活水準を維持することができるものでなければならないこと。

❹（⑩ 　　　　　　）の原理……生活困窮者が，収入，利用し得る資産，能力その他あらゆるものを最低限度の生活の維持のために活用することを要件として行われ，扶養義務者の扶養や他の制度の利用は，すべて生活保護に優先すべきこと。

3 生活保護の基本原則

❶（⑪ 　　　　　　）の原則	保護は，本人や扶養義務者などの申請によって開始する。
❷基準および程度の原則	厚生労働大臣の定める基準によって（⑫ 　　　　　　）を計算し，本人の収入や資産では不足する分を補う程度で行う。
❸（⑬ 　　　　　　）の原則	保護は，年齢別，性別，健康状態などその個人または世帯の実際の必要の相違を考慮して，有効かつ適切に行う。
❹世帯単位の原則	保護は，（⑭ 　　　　）を単位として行うが，それが難しい時は，個人を単位に行う場合もある。

練習問題

◆次の記述が正しければ〇，誤っていれば×をつけなさい。

A　生活保護制度は，日本国憲法第25条に規定された生存権の理念にもとづいている。

B　生活保護法で定める要件を満たせば，すべての国民が無差別平等に保護を受けることができる。

C　要保護者が急迫した状況にある時でも，本人や親族からの申請がないと保護を開始できない。

D　生活保護は，必ず世帯を単位として受けることが規定されている。

A		B		C		D	

2 生活保護の種類と基準

教科書 p.142〜p.143

1 生活保護の種類

次の8種類があり，健康で文化的な最低限度の生活を送れるように給付が行われる。

▶生活保護の種類

❶（①　　）扶助	食費，被服費，光熱水費など日常生活に必要な費用。
❷教育扶助	（②　　　　　）に必要な学用品，通学用品，学校給食費などの費用。
❸住宅扶助	家賃などの（③　　　　），家屋補修費など。
❹（④　　）扶助	診察，薬剤，手術，入院などの給付。
❺（⑤　　）扶助	居宅介護，施設介護，福祉用具などの給付。
❻（⑥　　）扶助	分娩やその前後の処置などの費用。
❼（⑦　　）扶助	生業に必要な資金，器具，技能の修得などの費用。高等学校などの就学費用。
❽（⑧　　）扶助	火葬や埋葬，納骨などに必要な費用。

・医療扶助と介護扶助は現物給付が原則，その他の扶助は（⑨　　　　　）が原則。
・居宅保護が原則だが，居宅保護ができない時などは保護施設への入所による保護ができる。
　→保護施設……救護施設，更生施設，医療保護施設，授産施設，宿所提供施設

2 保護に当たっての基準

　保護の基準は（⑩　　　　　）大臣が定めており，住んでいる場所や世帯構成，年齢などさまざまな事情を考慮して，最低生活費を算出するしくみとなっている。

◎生活扶助の算出基準
　・第1類……食費，被服費などの個人単位の経費。（⑪　　　　）別に定めている。
　・第2類……光熱費，家具什器などの世帯単位の経費。（⑫　　　　　）に応じて定めている。
　・（⑬　　　）加算……冬季に地域ごとに世帯人員に応じて加算される。
　・その他各種加算……妊産婦加算，障害者加算，母子加算，児童養育加算など。
◎生活保護費の支給……その世帯の収入が，保護基準により算出された（⑭　　　　　　）を下回る場合に，その下回る分について支給される。

練習問題

◆次の記述が正しければ〇，誤っていれば×をつけなさい。

A　生活保護においての生活扶助は，食費や被服費，光熱水費などの日常生活の需要を満たすために必要な費用を給付するものである。

B　生活保護においての教育扶助は，義務教育に必要な費用と，高等学校の就学費用を対象にしている。

C　生活扶助は，居住地による金額の違いはなく，全国一律の基準額が設定されている。

D　生活保護費は，収入が最低生活費を下回る場合に，その下回る分について支給される。

A		B		C		D	

1　生活保護制度の実施体制

・国の機関では（①　　　　　　　　　）が所管し，保護基準の決定などを行う。

・国からの法定受託事務として，実施機関である（②　　　　　　　　　）や市長，福祉事務所を設置する（③　　　　　　）（福祉事務所を設置しない町村では都道府県知事）が保護の決定などの手続きを担当する。

・実際の事務処理は（④　　　　　　　　）が行う。福祉事務所には社会福祉主事（（⑤　　　　　　　　　））が置かれる。

2　不服申し立て制度

・生活保護の実施機関が行った処分に不服がある場合は，（⑥　　　　　　　　　）に審査請求を行うことができる。この受給者の権利救済をはかる制度を（⑦　　　　　　　　　）という。

　→都道府県知事の判断（裁決）にも不服がある場合，さらに（⑧　　　　　　　　）に再審査請求を行うことができる。

3　生活保護制度に見る近年の動向

◎受給者数の動向

・生活保護の受給者数は，その時代の（⑨　　　　）や雇用情勢に大きな影響を受ける。近年では，（⑩　　　　　　　　　　　）による景気の減退と雇用情勢の悪化で，受給者数が大きく上昇した。

　→2015年 3 月には受給者数が約217万人と戦後最多となった。

・世帯類型別に見ると，約半数が（⑪　　　　　　　）となっているが，リーマンショックを機に，失業者など稼働年齢層を含む世帯類型が増加している。

◎生活保護制度の充実

・被保護者就労支援事業……2015年度から開始。福祉事務所が（⑫　　　　　　　　　）などと連携し，就労に関する相談・助言，求職活動への支援，就労後の職場定着支援を行う。

・医療扶助費の適正化……生活保護の事業費の約半分を占める医療扶助費の適正化をはかるため，（⑬　　　　　　　　　）（ジェネリック医薬品）の使用促進，生活習慣病予防の強化が進められている。

・国は2013年に子どもの貧困対策法，2014年に（⑭　　　　　　　　　　　　　　　）を制定。教育，生活，就労，経済的支援などを推進している。

　→生活保護制度では，大学進学の際に新生活の立ち上げの一時金として，（⑮　　　　　　　　　）が2018年度進学者から支給されることになった。

✎練習問題

◆次の記述のうち，誤っているものを 1 つ選びなさい。

　A　生活保護制度は，厚生労働省が所管し，保護基準の決定などを行う。

　B　福祉事務所には社会福祉主事が置かれ，都道府県知事や市町村長の事務を補助する役割を担っている。

　C　生活保護の実施機関が行った処分に不服がある場合は法務大臣に対して審査請求できる。

　D　生活保護の受給者数は，不景気の時は増加するといえる。

4 生活困窮者自立支援法と生活福祉資金貸付制度

教科書 p.146 〜 p.147

1 生活困窮者自立支援法

◎生活困窮者自立支援法の概要……2015年4月施行。生活保護制度の前段階で自立支援を行う第二の
（①　　　　　　　　　　　　　）と位置づけられる。必須事業，（②　　　　　　　）がある。

→就労の状況，心身の状況，地域社会との関係性などの事情により，経済的に困窮し，最低限度の
生活を維持することができなくなる恐れがある者が対象。

◎自立相談支援事業……支援の入り口である包括的な相談支援。就労や生活に関する困りごとや不安
に対し，アウトリーチや（③　　　　　　　　　　）の相談対応，自立支援計画の作成，関係機関との連
絡調整などを行う。

・（④　　　　　　　　　　）……何らかの支援が必要であるにもかかわらず，自ら支援を求めない人に
対して，支援者や支援機関の側から働きかけを行うこと。

・ワンストップ……さまざまな支援を必要とする人が，ひとつの場所で相談や手続きができるよう
にすること。

◎具体的な事業

・就労支援……（⑤　　　　　　　　　），（⑥　　　　　　　　　　　），（⑦　　　　　　　　）の3段階のステップ
を設け，本人の段階に応じた就労準備の支援を行う。

→これらの支援を受けてもただちに就労が難しい場合には，（⑧　　　　　　　　　）によって一般就
労に向けた支援が行われる。

・その他……一時生活支援事業，家計改善支援事業，子どもの学習・生活支援事業がある。

2 生活福祉資金貸付制度

◎（⑨　　　　　　　　　　　　　　　）……低所得世帯，障害者世帯，高齢者世帯を対象として無利子また
は（⑩　　　　　）で資金の貸し付けを行う制度。

→生活再建に必要な資金，教育費，冠婚葬祭の資金などが貸し付けの対象。

・（⑪　　　　　　　）社会福祉協議会……貸し付けの相談や申し込みの受け付けを行う。

・（⑫　　　　　　　）社会福祉協議会……貸し付けの審査・決定を行う。

✎練習問題

◆次の記述のうち，正しいものを1つ選びなさい。

A　生活困窮者自立支援法は，生活保護制度だけでは最低限度の生活を維持できない者を対象とし
て自立支援を行うものである。

B　アウトリーチとは，何らかの支援を必要とする人が，ひとつの場所で相談や手続きができるよ
うにすることである。

C　生活困窮者自立支援法における就労支援は，日常生活自立，社会生活自立，学校生活自立，就
労自立の4段階のステップを設け，就労準備の支援を行う。

D　生活福祉資金貸付制度は，低所得世帯，障害者世帯，高齢者世帯を対象として無利子または低
利で資金の貸し付けを行う制度である。

第3編

国民の生活を支える社会保険制度

年　　　組　　　番　　　名前

検印

1 日本の社会保険制度

教科書 p.148 〜 p.149

1 社会保険制度の役割

・日本では，医療保険制度の国民（①　　　　），公的年金制度の国民（②　　　　）に見られるように，社会保険制度を中心に社会保障制度は発展してきた。

・社会保険制度……老齢，障害，死亡，失業などに備えてあらかじめ保険料を納め，そのリスクが現実化した時にサービスや（③　　　）の給付を受けるもの。

2 社会保険制度の特徴

・（④　　　）加入……法令で定められた条件に該当する人は，必ず加入しなければならない。

・保険料……基本的に被保険者の所得などの（⑤　　　　　）に応じて設定されている。

・財源……被保険者の保険料を基本としつつ，国や地方公共団体の（⑥　　　　　）（税金からの収入）からも負担や補助が行われる。

・運営……政府，地方公共団体，公法人によって行われる。

・サラリーマンなどが対象の被用者保険は，保険料の半分は（⑦　　　　）が負担する。

3 社会保険制度のしくみ

▶日本の社会保険制度の概要

保険の種類	主な保険事故	主な給付の概要
❶（⑧　　　　）	けがや病気	療養の給付
❷公的年金	老齢，障害，死亡	老齢年金，障害年金，（⑨　　　　）
❸介護保険	要介護	居宅介護サービス，施設介護サービスなど
❹（⑩　　　　）	失業	基本手当，教育訓練給付，育児休業給付など
❺労働者災害補償保険	（⑪　　　）上・通勤中のけがや病気	療養補償給付，休業補償給付など

→医療保険には，健康保険，（⑫　　　　　　），共済組合，船員保険がある。また，75歳以上の高齢者は，原則，後期高齢者医療制度に加入する。

→すべての国民は，（⑬　　　　　）（基礎年金）に加入する。

✏練習問題

◆次の記述のうち，正しいものを1つ選びなさい。

A　社会保険制度は，法令で定められた条件に該当する人であれば，加入するかどうかは選択することができる。

B　社会保険の保険料は，基本的に被保険者の所得などの負担能力に応じて定められている。

C　社会保険は被保険者が納めた保険料を財源としているため，国や地方公共団体からの補助は行われない。

D　厚生年金（被用者年金）は主に民間のサラリーマンが加入するもので，公務員は加入することができない。

2 医療保険制度

教科書 p.150 ～ p.151

1 医療保険制度のしくみ

医療保険制度	・被用者保険……サラリーマンや（①　　　　　　）とその家族を対象とする。 →（②　　　　　　），共済組合，船員保険 ・地域保険……その地域の住民を対象とする。 →（③　　　　　　），後期高齢者医療制度

・各制度の給付内容は基本的に同じ。

・医療機関に支払われる診察や治療などの費用は，厚生労働大臣が定めた（④　　　　　　）によって計算される。

2 健康保険

◎健康保険……企業の従業員（被保険者）とその扶養する家族（被扶養者）を対象とした制度。

健康保険の保険者	・（⑤　　　　　　）→比較的規模の大きな企業が設立。 ・（⑥　　　　　　）（協会けんぽ）→比較的中小規模の企業が加入。

◎健康保険の保険料

・給与や賞与に応じて計算され，保険料の半分は（⑦　　　　　　）（会社）が負担する。

・給与や賞与から源泉徴収（天引き）され，（⑧　　　　　　）が保険者に納付する。

3 国民健康保険

・1961年4月に全国の市町村で（⑨　　　　　　）が実施され，他の医療保険制度に加入していない市町村の住民は，すべて加入することになった。

→国民（⑩　　　　　）体制の実現。

→生活保護の（⑪　　　　　）を受ける者は，国民健康保険に加入しない。

・国民健康保険は財政面で課題を抱えていたが，2018年度から都道府県と市町村が共同して国民健康保険を運営するしくみに改正され，（⑫　　　　　　）は，その区域内の国民健康保険の財政運営の責任を負うことになった。

・保険料は，都道府県が市町村ごとの（⑬　　　　　　）を決定・公表し，市町村がこれを参考に保険料率を決定する。

・被保険者のいる世帯の（⑭　　　　　）が，その世帯員分の保険料を市町村に納める。

✎練習問題

◆次の記述が正しければ○，誤っていれば×をつけなさい。

A　医療保険制度は，国民健康保険と後期高齢者医療制度の2つに大きく分けることができる。

B　業務上や通勤中のけがや病気で，労働者災害補償保険から給付を受けた場合，健康保険からの給付も受けられる。

C　国民健康保険は，他の医療保険制度に加入していない市町村の住民が加入する。

D　国民健康保険は2018年度から都道府県と市町村が共同して運営するしくみに改正された。

A		B		C		D	

第3編

第6章　国民の生活を支える社会保険制度　**67**

3 後期高齢者医療制度

教科書 p.152 ～ p.153

1 高齢者医療制度

◎高齢者医療制度……高齢者の医療を社会全体で支えるしくみ。

・65歳以上75歳未満の（①　　　　　　　）を対象とするものと，75歳以上の（②　　　　　　　）を対象とするものに分けられる。

・前期高齢者 →各医療保険制度に継続して加入するが，医療費については，各医療保険制度間で医療費負担の（③　　　　　　）に対する財政調整が行われる。

・後期高齢者 →各都道府県単位で設置された（④　　　　　　　　　）が運営する後期高齢者医療制度に加入。

2 後期高齢者医療制度の財政

▶後期高齢者医療制度の給付費の財源

後期高齢者の保険料	後期高齢者支援金（現役世代の保険料）	公費負担（国，都道府県，市町村）
約（⑤　　　）%	約（⑥　　　）%	約（⑦　　　）%

◎医療機関を受診した時の患者の負担割合

・（⑧　　　　　　　　　）→医療費の2割 ｝ 現役並みの所得が

・（⑨　　　　　　　）→所得に応じて医療費の1割または2割 ｝ ある場合は（⑩　　　）割

→入院時には食費などの負担がある。

3 生活習慣病の予防

・生活習慣病……肥満，糖尿病，高血圧，高脂血症など，（⑪　　　　　　　　）の改善によって発症を予防できるとされる病気。

→三大死因であるがん，（⑫　　　　　　　　），心疾患といった病気につながる可能性が高いとされる。

・生活習慣病の予防……40歳以上の医療保険制度の加入者を対象に，各医療保険者が特定健康診査（特定健診），（⑬　　　　　　　　　）を行う。

→内臓脂肪型肥満（（⑭　　　　　　　　　　　　　　　））に着目した特定健康診査が行われ，生活習慣病の発症リスクが高い者には，特定保健指導として，医師や保健師などから生活習慣の改善に向けた支援が行われる。

✎練習問題

◆次の記述のうち，誤っているものを1つ選びなさい。

A　前期高齢者医療制度は，65歳以上75歳未満が対象である。

B　後期高齢者医療制度は，65歳以上75歳未満であって一定の障害の状態にある者も加入することができる。

C　生活習慣病に関する特定健康診査（特定健診），特定保健指導は50歳以上の加入者に対して行われる。

D　メタボリックシンドロームは腹囲が男性85cm以上，女性90cm以上であって，血圧，コレステロール，血糖値のうち2つ以上が一定の基準値以上の場合に該当する。

4 公的年金制度の体系

教科書 p.154 ～ p.155

1 公的年金制度のしくみ

◎1961年より，（①　　　　　　）体制が実現。ただし，被用者年金の（②　　　　　　）は任意加入とされた。

◎1986年には，国民年金を全国民共通の年金制度である（③　　　　　　）体制へと移行した。

◎現在のしくみ

・日本に居住する20歳以上（④　　）歳未満のすべての国民が加入する国民年金（基礎年金）と，サラリーマンや公務員が加入する厚生年金（被用者年金）の「（⑤　　）階建て」となっている。

第1号被保険者	（⑥　　　　　　）者，農林漁業従事者，学生など。
第2号被保険者	民間企業のサラリーマンや公務員等。
第3号被保険者	第（⑦　　）号被保険者に扶養されている配偶者。

・（⑧　　　　　）方式……世代間扶養の考え方に立って，現役世代の保険料を仕送りのように高齢者世代の年金給付に当てるというしくみ。

2 公的年金の財政

・主な財源……被保険者が支払う保険料と国庫負担であり，国庫負担は，国民年金の給付費のうちの2分の1である。

▶国民年金の保険料

	第1号被保険者	所得にかかわらず定額。低所得者には（⑨　　　　　）制度があり，大学生などには保険料の納付を猶予する特例制度がある。
国民年金	第2号被保険者	（⑩　　　　　　）の保険料に含まれている。
	第3号被保険者	第2号被保険者の保険料で負担する。

▶厚生年金の保険料

| 厚生年金 | 標準報酬月額（毎月の給与）と標準賞与額（賞与）に定率の保険料率をかけて計算。事業主（会社など）と（⑪　　　　　　）が半分ずつ負担。 |

3 公的年金制度に関係する組織

◎公的年金制度は，（⑫　　　　）が管理・運営の責任主体となっている。

・行政機関として，（⑬　　　　　　）年金局が所管する。

・（⑭　　　　　　　）……相談対応，保険料の徴収，給付などの一連の業務を行う公法人。

→各都道府県に計312か所の年金事務所を設置して，公的年金制度に関する業務を行う。

✎練習問題

◆次の記述のうち，正しいものを1つ選びなさい。

A　1986年より，厚生年金を基礎年金とする年金制度が始まった。

B　国民年金の第2号被保険者には，自営業者，農林漁業従事者，学生などが含まれる。

C　国民年金の保険料は定率で，報酬月額等にかけた額を事業主と被保険者が半額ずつ負担する。

D　公的年金制度の相談対応，保険料の徴収，給付などの一連の業務は，公法人である日本年金機構が行っている。

第6章 国民の生活を支える社会保険制度　**69**

5 公的年金の給付

教科書 p.156 〜 p.157

1 公的年金の給付の種類
◎公的年金の給付には，老齢年金，（①　　　　）年金，遺族年金の3種類がある。
・基礎年金（国民年金）と，被用者の場合はこれに上乗せされる（②　　　　　）がある。
・複数の公的年金の受給権がある場合，基礎年金から1種類，厚生年金から1種類を選択する。これを，（③　　　　　）という。

2 老齢年金
・保険料を納付した期間と保険料を免除・猶予された期間の合計が（④　　）年以上である場合，65歳から支給される。
・老齢基礎年金……（⑤　　　）歳から60歳までの40年間保険料を納付した場合に年金額の満額を受給できる。
・老齢厚生年金……納付した保険料の額と被保険者の期間に応じて支給額が決定される。

3 障害年金
・一定の障害の状態にあり，かつ，障害の原因となったけがや病気の（⑥　　　　　）が被保険者期間中にある場合に支給される。
・障害基礎年金……障害等級1級と2級があり，1級は2級の1.25倍の年金額が支給される。
・障害厚生年金……障害等級1級から3級までであり，（⑦　　）級は基礎年金にはない厚生年金のみの制度。納付した保険料の額と被保険者期間に応じて支給額が決定される。

4 遺族年金
・被保険者が死亡した時に，その被保険者が生計を維持していた遺族に対して支給される。
・遺族基礎年金……（⑧　　　）歳未満等の子またはその子を扶養する配偶者に対して支給される。
・遺族厚生年金……配偶者または18歳未満等の子，（⑨　　　　　），18歳未満等の孫，祖父母の順で，最も優先順位の高い者に支給される。

5 年金額の改定
・年金額は，賃金スライドや物価スライドに加え，（⑩　　　　　　　　　　　）により調整される。

6 私的年金制度
・企業の年金制度……確定給付企業年金，企業型確定拠出年金，（⑪　　　　　　　　）。
・個人が加入するもの……（⑫　　　　　　　　　）（iDeCo），国民年金基金。

練習問題
◆次の記述が正しければ○，誤っていれば×をつけなさい。
A　公的年金の給付は，老齢年金と障害年金の2種類である。
B　老齢基礎年金は20歳から60歳までの40年間保険料を納付すると，年金額の満額を受給できる。
C　障害年金を受給するには，一定の障害の状態にあり，障害の原因となったけがや病気の初診日が被保険者期間中にあることが必要である。
D　生計を維持していた被保険者が死亡した場合，20歳以下の子どもを扶養する配偶者は，遺族基礎年金を受給できる。

A		B		C		D	

6 雇用保険と労災保険

教科書 p.158 ～ p.159

1 雇用保険のしくみ

・雇用保険……労働者の（①　　　　　）や雇用継続が困難になるなどのリスクに備える他，労働者の生活と雇用の安定，就職の促進をはかる制度。

雇用保険	{	・（②　　　　　）給付

　　　　　　　　　・雇用保険二事業 {（③　　　　　）事業→雇用の維持，再就職支援など。
　　　　　　　　　　　　　　　　　　　能力開発事業→職業能力開発施設の設置・運営など。

・財源……事業主と被保険者が支払う保険料と国庫負担。

2 就業に向けた給付

◎失業の認定……（④　　　　　　　　　　　）（ハローワーク）が行う。

・失業……被保険者が離職し，（⑤　　　　　）の意思および能力を有するにもかかわらず，職業に就くことができない状態をいう。

▶失業等給付の種類

（⑥　　　　）給付	失業者に対し，年齢や失業の理由に応じて基本手当などを支給
（⑦　　　　）給付	早期に就職した場合に再就職手当などを支給
（⑧　　　　）給付	教育訓練にかかった経費の一部を助成
（⑨　　　　）給付	高年齢者の雇用継続の支援，育児・介護休業中の所得保障

3 育児・介護休業制度

◎育児や家族の（⑩　　　）を行う労働者の職業生活と家庭生活の両立を支援する制度。

・育児休業……原則（⑪　　　）歳未満の子どもを養育する男女の労働者が取得。育児休業給付を支給。

・介護休業……常時介護を必要とする家族を介護する労働者が取得。介護休業給付を支給。

4 労働者災害補償保険のしくみ

・（⑫　　　　　　　　　）保険（労災保険）……主に，業務上や通勤中の傷病，障害，死亡などに備える制度。

→大きく分けて，保険給付等と（⑬　　　　　　　　　　）がある。

5 労働者災害補償保険の給付

◎労災保険の保険給付……業務災害に関する保険給付，（⑭　　　　　　　）に関する保険給付，二次健康診断等給付がある。

・業務災害に関する保険給付……療養補償給付，休業補償給付，障害補償給付など。

→通勤災害に関する給付も同様の内容。

練習問題

◆次の記述のうち，誤っているものを1つ選びなさい。

A　雇用保険の財源は，すべて事業主と被保険者が支払う保険料で賄われる。

B　失業等給付の対象となる失業の認定は，公共職業安定所（ハローワーク）が行う。

C　事業主は，労働者の育児・介護休業の申し出や取得を理由に，その労働者を解雇することはできない。

D　労災保険の保険料は，原則として，事業主が全額負担する。

コミュニケーションの基礎

1 コミュニケーションの意義と役割

教科書 p.168～p.169

1 対人支援とコミュニケーション

高齢者やその家族への（①　　　　　　　）においては，当事者や利用者と支援者との信頼関係をつくるため，人間関係と（②　　　　　　　　　　　　　）に対する理解が必要である。

・当事者や利用者……何らかの生活課題や生活問題を抱えている人を（③　　　　　），福祉サービスや介護サービスを利用する人やその家族を（④　　　　　）という。

・支援者……社会福祉関係の施設や機関の職員，あるいは自らNPO法人や個人事務所を立ち上げるなどして，支援活動を行っている人のこと。

・コミュニケーション……言葉や文字，あるいは表情やしぐさなどを通して，意思や情報を他の人と共有すること。

2 支援関係の構築とコミュニケーションの意義

利用者と支援者との信頼関係にもとづく（⑤　　　　　　　）の構築は，対人支援を行うための大切な基盤となる。

・支援関係……対人支援における利用者と支援者との信頼関係にもとづく人間関係のこと。（⑥　　　　　　）的な人間関係とも説明される。

3 コミュニケーションを構成する要素

・コミュニケーションを構成する要素……（⑦　　　　　），（⑧　　　　　　　），（⑨　　　　　　　），（⑩　　　　　　）

・メッセージを共有する手段や方法……対面や電話での会話，手紙やメール，SNSなど。また，（⑪　　　　）や（⑫　　　　）によるものもある。

4 支援におけるコミュニケーションの役割

| 支援における
コミュニケーション | ・利用者との支援関係を構築する。
・さまざまな制度やサービスに関する情報を利用者や家族に伝える。 |

→支援者は利用者になじみのない（⑬　　　　　　　）は使わず，わかりやすい説明や情報提供の仕方を工夫しなければならない。

練習問題

◆次の記述のうち，正しいものを1つ選びなさい。

A　対人支援における支援者には，社会福祉関係の施設や機関に所属する職員のほかに，自らNPO法人や個人事務所を立ち上げて支援活動を行う人も含まれる。

B　コミュニケーションとは，言葉や文字のみによって意思や情報を他の人と共有することである。

C　送り手がメッセージを受け手に向けて送った段階で，コミュニケーションは成立する。

D　支援者は，利用者に対して情報を正確に伝えるために，専門用語を用いて詳しく解説する必要がある。

2 コミュニケーションの手段と方法

1 コミュニケーションの種類と手段

▶コミュニケーションの種類

言葉によるもの	（① 　　　　　）や（② 　　　　　）も含む。
言葉によらないもの	（③ 　　　　　）や（④ 　　　　　）など。

・最近はコンピュータや（⑤ 　　　　）（情報通信技術）などの手段を用いたものもある。

2 言語的コミュニケーション

・（⑥ 　　　　　　　　　　　　　　　）……話し言葉，文字，手話，点字などによるコミュニケーション。

→支援者には，利用者の発する言葉と，その言葉の背景となっている思いや訴え，感情を理解して受けとめようとする姿勢が求められる。

3 非言語的コミュニケーション

・（⑦ 　　　　　　　　　　　　　　　）……表情，態度，姿勢，身ぶり，手ぶり，視線，声の調子など，（⑧ 　　　　）によらないコミュニケーション。

→特に障害や認知症などにより，言葉で十分にコミュニケーションがとれない利用者の思いや感情，訴えを理解するために，表情や視線などに注意を向けることが大切である。また，自らの表情や態度にも気を配ることが必要である。

4 多様化するコミュニケーションの手段や方法

◉ICTの発達によりさまざまなコミュニケーションの手段や方法が開発されている。

ICTを活用したコミュニケーションの手段・方法	・コンピュータやスマートフォンを使った（⑨ 　　　　） ・一人暮らしの高齢者のためのインターネットを活用した見守り支援 ・緊急時の通報システム

→当事者や利用者の状態に合ったさらなる開発と活用が期待される。

✎練習問題

◆次の記述が正しければ○，誤っていれば×をつけなさい。

A　対人支援においては，言語的コミュニケーションと非言語的コミュニケーションの両方が重要である。

B　言語的コミュニケーションには，身ぶりや手ぶり，視線なども含まれる。

C　支援者は利用者に対して挨拶や言葉かけをする際，自らの表情や態度，姿勢などに気を配る必要がある。

D　認知症の利用者に対してのコミュニケーション手段としては，コンピュータやスマートフォンを使ったものが最も効果的である。

A		B		C		D	

第2章 支援における人間関係の形成

年　　組　　番　　名前　　　　　　　　　　　検印

1 傾聴・受容・共感の姿勢　　　　　　教科書 p.172～p.173

1 支援活動に必要な支援関係

・利用者と支援者の間に結ばれる（①　　　　　）的な人間関係である（②　　　　　）を形成するためには，支援者の利用者に対する（③　　　　），（④　　　　），（⑤　　　　）の姿勢が必要である。

2 傾聴の姿勢

◎傾聴とは……相手の話の内容に関心を向けて「聴く」こと。

・物音や話し声が自然に耳に入ってくる「（⑥　　　　）」とは異なる。

・支援者は，利用者の話や訴えの内容に耳を傾け，気持ちを真摯に受けとめようとする傾聴の姿勢をもつことが必要。

→支援者の傾聴の姿勢が伝わると，利用者は自分が（⑦　　　　）され，受け入れられていると感じることができ，支援者を信頼し安心して自分のことを話すことができる。

・支援者は，自らの（⑧　　　　）や（⑨　　　　），言葉の調子などにも配慮する。

3 受容の姿勢

◎受容とは……利用者の言葉や行動，それに伴う感情を，支援者が（⑩　　　　　）に受けとめ，利用者と共有する姿勢。

・受容は（⑪　　　　）（その言葉や行為が認めがたいものであっても許す）こととは異なる。

・利用者を否定することなく，（⑫　　　　　　）として尊重し受け入れる。

・利用者の言動の背景にある，その人の思いや状況をそのまま受けとめる。

→受容とは，たとえどのような状況にあっても，「自分をひとりの価値ある人間として認め，受け入れてほしい」という，人間としての（⑬　　　　　　）を満たすものでもある。

4 共感の姿勢

◎共感とは……利用者が思っていることや感じていること，考えていることなどについて，利用者の立場から理解を深めようとする姿勢。

・共感は（⑭　　　　）（個人的な見方や価値観にもとづいて，相手とその状況に抱く感情）とは異なる。

→利用者は「自分が大切にされている」，「自分のことをわかってもらえている」，「受けとめてもらえている」という安心感や信頼感を抱くことができる。

練習問題

◆次の記述が正しければ○，誤っていれば×をつけなさい。

A　よりよい支援活動を行うためには，支援者に「傾聴」「受容」「共感」の姿勢が求められる。

B　利用者が安心して自分のことを話せるようになるためには，支援者は傾聴の姿勢をもつことが大切である。

C　受容とは，利用者の言葉や行為が認めがたいものであっても，許して受け入れることである。

D　共感とは，利用者の状況や立場に対して同情をもって理解しようとすることである。

A		B		C		D	

2 利用者理解と支援者の自己理解

1 支援における利用者とその生活状況の理解

・利用者とその生活状況に対する支援者の（①　　　　　　　　）が，支援の方向や内容に影響を与える。偏った見方や誤った理解をしていると，適切な支援を行うことができない。

2 利用者を理解する目的と視点

・支援の可能性や方法，展開のしかたの（②　　　　　　）を広げ，個々の利用者に応じて適切に支援活動を進めるために，支援者は，利用者の個別の生活状況に対して，さまざまな（③　　　　）から理解しようという視点をもつことが必要である。

> 例　・要介護の高齢者に対しては，できないことばかりでなく，できることに目を向ける。
> ・認知症の高齢者に対しては，言動を否定的にとらえず，本人の側に立って理解に努める。

3 「環境（状況）のなかにいる人」の理解

・「（④　　　　　　　）のなかにいる人」としての理解……個々の利用者を，それぞれの環境や状況（家族・友人，学校や職場などのさまざまな人や場所，地域や社会とのつながり）のなかで日常を生きる（⑤　　　　　）として理解することが大切。

> 例　高齢者……老いに伴う心身の衰えにより，買い物などの外出や社会的な活動や参加の機会が少なくなり，地域や社会とのつながりが薄くなっている。
> →支援の際は利用者をとりまく環境の側面からの理解も必要。

4 支援者の自己理解

・支援者の（⑥　　　　　　）……支援者は自分の考え方や価値観を知り，支援の際の態度や行動などを振り返ることが大切である。

◎（⑦　　　　　　　）……自分自身から見た自己と他者から見た自己を知ることで，自己理解を促す方法。

	自分が知っている	自分が知らない
相手が知っている	（⑧　　　）の窓 自分も相手も知っている自己	（⑨　　　）の窓 自分は気づいていないが， 相手は知っている自己
相手が知らない	（⑩　　　）の窓 自分は知っているが 相手は知らない自己	（⑪　　　）の窓 自分も相手も知らない自己

✎練習問題

◆次の記述のうち，誤っているものを 1 つ選びなさい。

A　支援者には，利用者の生活状況をさまざまな側面から理解する視点が必要である。

B　支援者は利用者を「環境（状況）のなかにいる人」として理解することが大切である。

C　ジョハリの窓は，自己理解を深める方法のひとつである。

D　ジョハリの窓は，心理学者のジョハリによって考案された。

第 3 章

社会福祉における支援活動の概要

第 4 編

年　　　組　　　番　　名前　　　　　　　　　　　　　検印

1 個人に対する支援活動とその方法　　教科書 p.176 ～ p.177

1 個人に対する支援活動（ケースワーク）

◎ケースワーク……生活困難を抱える（①　　　　　）に対する直接的な支援活動。ソーシャルワークの
方法のひとつ。介護サービスなどの（②　　　　　　）を活用して行う。
・ソーシャルワーク……社会福祉における支援活動の実践や方法の全体。
・社会資源……生活支援のために活用できる社会福祉関係の制度やサービス，介護や医療関係の専
門職，地域住民やボランティアなどの総称。

2 ケースワークの原則

◎（③　　　　　　　　　）によるケースワークの 7 原則

❶利用者をかけがえのない（④　　　　）として尊重する（個別化の原則）

❷利用者の感情の表現を大切にする（意図的な感情表出の原則）

❸（⑤　　　　　）は自分の感情を自覚・統制する（統制された情緒的関与の原則）

❹利用者を否定することなくありのままに受けとめる（（⑥　　　　　）の原則）

❺利用者の言動を一方的に非難・審判しない（非審判的態度の原則）

❻利用者が自ら決めることを支えて尊重する（（⑦　　　　　　）の原則）

❼利用者のプライバシーや個人情報をもらさない（（⑧　　　　　　）の原則）

3 ケースワークの展開過程

◎個人に対する支援活動全体の流れ。利用者との協働作業によって進められる。

❶導入 （（⑨　　　　　　　））	支援者が利用者と出会い，利用者とその状況を理解していくケースワークの最初の段階。
❷情報収集とアセスメント	利用者の情報を収集，整理，分析して，状況を理解する段階。
❸支援計画の作成 （プランニング）	アセスメントにもとづき支援計画を作成する。
❹支援計画の実施 （（⑩　　　　　　　　））	支援計画にもとづいて支援活動を実施する段階。
❺評価	実施した活動を振り返る段階。必要に応じて再度の情報収集やアセスメントを行う。
❻終結	最初に予定したケースワークの過程を終える段階。今後の課題を利用者と共有する。

練習問題

◆次の記述のうち，誤っているものを 1 つ選びなさい。

A　社会資源は社会福祉の制度やサービスをさし，ボランティアなどの人材は含まない。

B　ケースワークの 7 原則では，利用者の自己決定を尊重する。

C　支援活動を実施した後は振り返って評価し，必要ならば再度情報を収集する。

D　ケースワークの展開過程において，支援者は利用者との協働作業によって支援を進めることが
大切である。

1 **グループに対するソーシャルワーク（グループワーク）**

◎（①　　　　　　　）に対するソーシャルワーク……グループ活動を通して，所属メンバーの生活を支援する活動とその方法。グループワークともいう。

・支援者は，グループのメンバーが支えあいながら共通の生活課題の解決や主体的な生活を獲得する過程を支えていく。

2 **グループワークの留意点**

支援者に求められること	・そのグループを参加メンバーにとって（②　　　　　　　　）な場にすること。 ・メンバーが自由に参加して発言でき，互いに交流や関係を深めながら支えあうことができるグループ形成に努めること。 ・グループ内に生じる（③　　　　　　　　　　　）を把握すること。

・グループダイナミクスとは……グループ全体の雰囲気や，グループのなかで生じるメンバーの行動特性やメンバー間の関係性などのこと。（④　　　　　　　）ともいう。

3 **グループワークの展開過程**

（⑤　　　）期	グループの目的や対象となるメンバー，活動内容や頻度など支援計画を立てながら，メンバーに関する（⑥　　　　　　　）を行う。
（⑦　　　）期	支援者がメンバーを（⑧　　　）し，メンバー間の交流を働きかける。
（⑨　　　）期	メンバー同士の相互支援関係が生まれる。 支援者はグループの活動を側面的に支える。
（⑩　　　）期	予定の活動が終了。支援者とメンバーが活動を振り返る。 支援者は終結後のメンバーの個々の生活を視野に入れて支援する。

4 **家族に対するソーシャルワーク**

◎親や家族への支援……育児期間中の親，高齢者を介護する家族などが対象。子どもや高齢者本人の生活の安定のためにも大切。

→支援者による直接的な支援だけでなく，当事者のグループ活動（（⑪　　　　　　　　　　　）） への参加を促すことも有効。

・セルフヘルプグループ……同じような悩みや課題を持つ人々が集い，その課題の解決に向けてミーティングや勉強会，行事などを行う。（⑫　　　　　　　）とも呼ばれる。

→グループに参加することが精神的な支えとなり，リフレッシュの機会にもなる。

✏️練習問題

◆次の記述のうち，正しいものを1つ選びなさい。

A　グループワークはケースワークのひとつの方法である。

B　グループワークでは，メンバー同士の自発的な交流に任せ，支援者は見守るだけにするのがよい。

C　グループワークの支援計画を立てる際は，メンバーに関する情報収集が必要である。

D　子育てや介護に悩む当事者に対しては，グループワークよりも個別に支援することが望ましい。

3 地域を基盤としたソーシャルワーク

教科書 p.180 ～ p.181

1 求められる地域生活課題への対応

◎ （①　　　　　　　　）……地域住民とその世帯が抱える生活課題のこと。
　・地域福祉の推進については（②　　　　　　　　）に定められている。
　・地域生活課題には，福祉，介護，介護予防，保健医療，住まい，就労，教育，地域社会からの孤立，（③　　　　　　）における課題などがある。
◎近年の地域生活課題
　・（④　　　　　　　　）……（⑤　　　　　　　）や能力の低下などにより，生活を営むために必要な行為ができず，（⑥　　　　　　）や（⑦　　　　　　）が悪化していく状態。
　・（⑧　　　　　　）……80代の親と（⑨　　　　　）の50代の子の世帯における生活困難。

2 地域を基盤としたソーシャルワークの概要

◎地域を基盤としたソーシャルワーク

> ひとりの住民の暮らしを地域で支えること
> ひとりの住民の暮らしが支えられる地域をつくること

}を同時に行う実践と方法。

⇩

> 生活困難を抱える人を支援
> 生活困難を生み出す地域や社会のあり方を改善

}するための働きかけ。

　・地域住民同士のつながり，関係者や関係機関の相互の（⑩　　　　　　　　　）の構築が必要。

3 住民参加・住民主体の地域づくり

・地域共生社会の実現のため，だれもが（⑪　　　　　）することなく暮らしていける地域づくりが必要。
　➡・社会福祉の事業所や施設とそこで働く専門職同士が連携し，地域住民と協働する。
　　・住民に対する啓発活動や住民同士がつながる場や機会を創出し，住民参加を促す。

4 アウトリーチによるニーズの発見

・地域には，何らかの支援が必要であるにもかかわらず，支援者とのかかわりを拒否する人や，支援を求めない，あるいは求めることができない人もいる。
　➡支援者の側から働きかけを行う（⑫　　　　　　　）によってニーズを発見し，支援を展開することが必要。

✏練習問題

◆次の記述が正しければ〇，誤っていれば×をつけなさい。

　A　社会福祉法第4条には，地域福祉の推進についての規定がある。
　B　8050問題とは，80代の親と50代の子の世帯の，老老介護問題のことである。
　C　セルフネグレクトとは，食事や着替えなどの日常生活をひとりではできない者の世話を家族がしないことである。
　D　支援が必要であるにもかかわらず，自ら支援を求めない人に対して，支援する側から働きかけを行うことをアウトリーチという。

A		B		C		D	

1 チームマネジメントの必要性

・生活困難者を支援するためには，施設・機関の職員同士，さらに他の事業所や職種と

（①　　　　　　　　）し，チームとして支援を展開することが求められる。

→支援チームには，チームの形成，（②　　　　　　　　　　）や（③　　　　　　　　　　　）のあり方など，

チーム全体の運営管理としての（④　　　　　　　　　　　）が必要。

2 チームワークによる支援活動

◎チームワークによる支援のためにメンバーが取り組むこと

❶チームメンバー全員で利用者へのよりよい支援をめざす

❷支援者としての（⑤　　　　）や福祉サービスの理念を共有する

❸支援者それぞれの役割や専門性，考えや思いなどを互いに理解し尊重する

❹支援者間で支援の方針や支援の方向性を共有する

❺チームを，メンバーが共に学び成長する場とする

3 チームにおけるリーダーシップ

・支援チームにおけるリーダーシップ……所属するメンバーそれぞれが能力を発揮し，質の高い支援
を実現できるように，メンバー個人やチーム全体を導くこと。

・チームリーダーの役割……メンバーとコミュニケーションをとり，チームが適切に機能するための
働きかけや環境整備を行うことなど。

・リーダーの求心力でチームを動かす時代から，現在ではチームを構成するメンバー（フォロワー）
の積極的なチームへのかかわりが期待されている。これを（⑥　　　　　　　　　　）という。

4 多機関や多職種，地域住民との連携・協働による支援の展開

・（⑦　　　　　　　　）や（⑧　　　　　　　　　）など福祉専門職は，医療や保健その他の地域のさまざま
な関係機関や関係職種，そして地域住民と連携・協働して支援を行うことが求められる。

→（⑨　　　　　　　　　）や（⑩　　　　　　　　）といわれる，多機関・多職種，（⑪　　　　　　　）や
地域住民などが集まって行う会議が重要。利用者の（⑫　　　　　　　　　）のため（⑬　　　　　　　　）
を厳守し，参加者それぞれの視点にもとづく意見交換や情報提供を行う。

練習問題

✦次の記述のうち，誤っているものを1つ選びなさい。

A　チームマネジメントとは，チームが担う仕事の遂行や目標の達成のための，チーム全体の管理
や運営のことである。

B　チームワークによる支援活動においては，メンバー間の信頼関係やコミュニケーションが大切
である。

C　チームリーダーには，各メンバーを理解し，信頼して仕事を任せることなどが求められる。

D　事例検討会には，個人情報保護の観点から，福祉専門職以外の医師や保健師が参加することは
ない。

5 福祉・介護人材の養成とキャリア形成

1 福祉専門職の資格と専門性

▶福祉専門職の資格

（①　　　　　　　）	生活困難を抱える者の福祉に関する相談に応じ，助言，指導，関係者との連絡調整等を行う。
（②　　　　　　　）	要介護者に，その心身の状況に応じた介護を行い，またその介護者に対して介護に関する指導を行う。
（③　　　　　　　）	精神障害者の社会復帰に関する相談，助言等を行う。
（④　　　　　　　） （ケアマネジャー）	要介護者または要支援者からの相談に応じ，さまざまな福祉サービスの利用ができるように介護保険施設などと連絡調整を行う。

・社会福祉士，介護福祉士の業務……（⑤　　　　　　　　　　　　　　　　　　　　）に定められている。
・福祉専門職の専門性……生活困難を抱える人それぞれの生活状況に応じて，他職種や地域の関係機関と連携・協働して総合的な生活支援を行うこと。

2 現任研修の重要性

・福祉・介護関係の仕事に従事する者は，当事者や利用者によりよい支援を行うために，介護福祉士や社会福祉士などの資格取得後も（⑥　　　　　　）の機会を通して学び続けることが求められる。
・社会福祉士及び介護福祉士法では，両福祉士が「社会福祉及び介護をとりまく環境の変化による業務の内容の変化に適応するため，相談援助又は介護等に関する知識及び技能の向上に努めなければならない」と（⑦　　　　　　　　　）が規定されている。

3 福祉専門職の人材管理とキャリア形成

◎「（⑧　　　　　　　　　）」……福祉・介護の職員は，優れた担い手として育成されなければならない。
→働きやすい労働環境の整備やキャリアアップのしくみの構築が必要。
◎福祉職員（⑨　　　　　　　　　）対応生涯研修課程……さまざまな分野で働く福祉職のキャリアアップのために開発されたもの。キャリアに応じた研修を受け，

| 初任者 | ⇒ | 中堅職員 | ⇒ | （⑩　　　　　　　　　） | ⇒ | （⑪　　　　　　） | ⇒ | 上級管理者 |

という段階を踏んでキャリアアップする。

✎練習問題

◆次の記述のうち，正しいものを１つ選びなさい。

A　介護福祉士は，精神障害者の社会復帰に関する相談に応じ，助言，指導，日常生活への適応のために必要な訓練その他の援助を行う。

B　精神保健福祉士の業務については，社会福祉士及び介護福祉士法に規定されている。

C　ケアマネジャーは，要介護者または要支援者からの相談に応じ，さまざまな福祉サービスの利用ができるように介護保険施設などと連絡調整を行う。

D　キャリアパスとは，福祉職員のキャリアアップのための研修課程のことである。

第1章

多様な社会的支援制度

年　　　組　　　番　　名前

検印

1 医療提供体制のしくみ

教科書 p.192 〜 p.193

1 医療提供施設の分類

・医療提供施設……病院（（①　　　）床以上），診療所（（②　　　）床以下），調剤薬局，介護老人保健施設，介護医療院がある。

・病床については，一般病床，精神病床，（③　　　　　　）病床，結核病床，療養病床の5つの種類がある。

2 特別な機能を持つ病院

特別な機能を持つ病院 ┃ ・（④　　　　　　　　　　）病院→地域医療を担うかかりつけ医支援等を行う。
　　　　　　　　　　　┃ ・特定機能病院→高度な医療の提供や医療技術の開発などを行う。
　　　　　　　　　　　┃ ・（⑤　　　　　　　　）病院→臨床研究の実施の中核的な役割を担う。

3 医療提供体制の計画的な整備

◎医療計画……厚生労働大臣が定める基本的な指針に即して，計画的に医療提供体制を整備するため，（⑥　　　　　　）が医療計画を定める。

→（⑦　　　　　　）・5事業や在宅医療の提供体制，医療従事者の確保，医療の安全の確保，医療提供施設の整備目標などを定める。

・5疾病……がん，（⑧　　　　　），急性心筋梗塞，糖尿病，精神疾患。

・5事業……救急医療，災害時における医療，（⑨　　　　　　）の医療，周産期医療，小児医療（小児救急医療を含む）。

4 医療に従事する専門職

医師・歯科医師	患者の診療や病気の診断，治療などを行う。
（⑩　　　　）	療養上の世話や診療の補助を行う。
（⑪　　　　）	保健指導を行う。
助産師	助産や妊婦への保健指導を行う。
（⑫　　　　）	薬の調剤や服薬に関する指導などを行う。
理学療法士，作業療法士，言語聴覚士など	リハビリテーションに関する支援を行う。
放射線技師，臨床検査技師，臨床工学技士など	けがや病気の検査を行う。

練習問題

◆次の記述のうち，誤っているものを1つ選びなさい。

A　医療法では，病床について，一般病床，精神病床，感染症病床，結核病床の4つの種類を定めている。

B　特定機能病院は，高度な医療の提供や医療技術の開発などを行う病院である。

C　厚生労働大臣が定める基本的な指針に即して，都道府県が医療計画を定める。

D　患者の状況に的確に対応するには，さまざまな専門職が業務を分担しながら連携・補完しあうチーム医療が重要である。

2 特別支援教育の制度

教科書 p.194 〜 p.195

1 教育支援の法制度と特別支援教育

◎特別支援教育……戦後，学校教育法のなかで（①　　　　　　）と位置づけられていた障害児教育は，2006年の学校教育法の改正により，2007年から（②　　　　　　）として取り組まれている。

◎特別支援教育の特徴

・注意欠陥多動性障害（ADHD）や高機能自閉症などの（③　　　　　　）も対象となった。

・通常教育と別の場で行われてきた特殊教育を転換し，通常学校や（④　　　　　　）のなかでも特別な支援を必要とする児童・生徒に即した教育が行われることを目標とする。

◎特別支援教育の背景

・1994年にスペインで採択された（⑤　　　　　　）や，2006年に国連で採択され，2014年に日本で批准された（⑥　　　　　　）の考え方が特別支援教育に大きく影響している。

→（⑦　　　　　　）の理念が浸透した社会における特別支援教育のあり方が模索されている。

2 特別支援学校

・1990年代までの特殊教育は，盲・聾・知的障害・肢体不自由など，それぞれの（⑧　　　　　　）に対応した学校があり，通常の学校・学級とは別の場所で行われてきた。

→学校教育法の改正に伴い，2007年から従来の盲学校・聾学校・養護学校は，障害の種類にとらわれない（⑨　　　　　　）に転換された。これを，（⑩　　　　　　）という。

・訪問教育……障害の状態が重く，通学して教育を受けることが困難な場合，教員が（⑪　　　　）や医療機関を訪問する。

3 特別支援学級

・障害の程度が比較的軽い児童生徒のために，小中学校に（⑫　　　　　　）が設置されている。

→現在は注意欠陥多動性障害（ADHD）や学習障害（LD）など，軽度の発達障害を含む障害のある児童生徒が（⑬　　　　）による指導を受けている。

✏️練習問題

◆次の記述が正しければ〇，誤っていれば×をつけなさい。

A　注意欠陥多動性障害や高機能自閉症などの発達障害は，特別支援教育の対象ではない。

B　特別支援教育の背景には，サラマンカ声明や障害者権利条約の考え方が影響している。

C　障害が軽い子どもに対しては，教員が家庭を訪問する訪問教育を行っている。

D　特別支援学級の在籍児童数は，知的障害と自閉症・情緒障害の児童が同じくらいの割合で在籍している。

A		B		C		D	

1 **特別支援学校における自立支援**

◎特別支援学校には，障害のある生徒が卒業した後の（①　　　　　）を見すえた教育が期待されている。

→高等部では，専門的な（②　　　　　）を想定して訓練することができる学科が設置されている。

　　例　視覚障害の学科→理学療法科や調律を学ぶ音楽科

　　　　聴覚障害の学科→理美容科，産業工芸科，被服科　など

◎特別支援学校高等部を卒業した後，全体の6割が（③　　　　　　　　　）に入所・通所し，サービスを受けている。職業能力開発校などに入学する生徒もいる。

　・職業能力開発校……職業能力開発促進法に規定された，公共職業能力開発施設。長期間および短期間の（④　　　　　　　　）を行う。

◎中高生が通う（⑤　　　　　　　　　　　）のなかにも，就労を視野に入れたトレーニングを自立支援として行う所がある。

2 **通級による指導**

・（⑥　　　　　）による指導は，通常学級に在籍し，軽度の障害や発達障害があるなど，特別なニーズのある児童生徒への対応として，1993年に制度化された。

・通級による指導の対象……言語障害，自閉症，情緒障害，弱視，難聴，（⑦　　　　　　　）（LD），（⑧　　　　　　　　　　）（ADHD），その他，特別の教育課程による教育を行うことが適当とされた児童生徒。

→学習障害や注意欠陥多動性障害と診断されていなくても，日常生活のなかで（⑨　　　　　）を抱える児童生徒が通常学級にいることも指摘されている。

・特別な支援や配慮が必要な児童生徒……発達障害だけでなく，貧困や被虐待など（⑩　　　　　）の問題を抱える子ども，外国籍の子どもなど。

→教員同士の連携や他機関への相談システムを確立しておくことが重要。

✐練習問題

◆次の記述のうち，正しいものを1つ選びなさい。

　A　特別支援学校高等部を卒業した後，全体の6割が進学している。

　B　職業能力開発校は都道府県が設置するもので，民間の事業主は設置することができない。

　C　通級による指導を受けている児童生徒数は年々増加している。

　D　文部科学省の調査で，「知的発達に遅れはないものの学習面又は行動面で著しい困難を示す」と担任教員が回答した児童生徒の割合は，全体の1％未満である。

4 司法と福祉の連携

教科書 p.198 ～ p.199

1 司法と福祉の連携（更生保護）

・更生保護……犯罪をした者や非行のある少年の再犯を防ぎ，更生・（①　　　　　　　）することを助ける業務。

　➡福祉と（②　　　　　）が連携しながら，更生保護を行う。

・（③　　　　　　　　　）支援センター……2009年より設置が進められ，刑務所を出所した高齢者や障害者が地域生活を始める際の困難を軽減するような支援を行う。

2 家庭裁判所

◎（④　　　　　　　　）は，家族関係の調停・審判を行うと共に，（⑤　　　　　）にもとづいて非行少年・触法少年に対して審判を下す。

　・（⑥　　　　　　　　）調査官……家庭裁判所における家事事件や少年事件の審判に必要な調査や面接を行う国家公務員。

◎家庭裁判所が決定する審判

　・（⑦　　　　　　　），児童自立支援施設または児童養護施設送致，少年院送致の３つ。

　　➡保護観察処分の場合，保護観察所の（⑧　　　　　　　）と対象者の更生をはかるため，生活上の助言や就労の手助けなども行う（⑨　　　　　）によって在宅指導（社会内処遇）が行われる。

　　➡現行の少年法では，少年院に送致可能な年齢の下限は概ね（⑩　　　）歳とされる。

3 人権擁護に関する団体とその活動

　保護観察所は，公的機関だけでなく，社会資源として地域の民間団体や機関と広く連携して，犯罪をした者や非行少年に対して支援を行う必要がある。

・日本司法支援センター（通称（⑪　　　　　　　））……総合法律支援法にもとづき，2006年に設置された法務省所管の法人。

　➡経済的に余裕のない人に対して無料で法律相談を行ったり，利用者からの問い合わせ内容に応じて法制度や相談機関・団体などに関する情報を無料で提供したりする。

・薬物依存のある保護観察対象者に，保護観察所で（⑫　　　　　　）プログラムを行っている。

　➡依存症の自助グループ，家族会やダルクなどの当事者会と連携強化に努めることが重要。

練習問題

◆次の記述のうち，誤っているものを１つ選びなさい。

　A　更生保護には，犯罪を予防して犯罪や非行から社会を保護する役割もある。

　B　家庭裁判所は，家族関係の調停・審判を行うと共に，少年法にもとづいて非行少年・触法少年に対して審判を下している。

　C　保護司は，保護観察対象者の更生をはかるため，保護観察官の補佐的な役割を果たし，対象者への生活上の助言や就労の手助けなどを行う。

　D　法テラスは，経済的に余裕のない人に対して低料金で法律相談を行ったり，利用者からの問い合わせ内容に応じて法制度に関する情報などを有償で提供したりする。

5 権利擁護と成年後見制度

教科書 p.200 〜 p.201

1 権利擁護とは

・認知症の高齢者や知的・精神障害者など，（①　　　　　　　　）が不十分な人が自己決定する権利を奪われてしまわないように，社会全体で権利を擁護する必要がある。

→日常生活自立支援事業と成年後見制度は，（②　　　　　　　　）の観点からつくられたしくみ。

2 日常生活自立支援事業

・（③　　　　　　　　　　）事業……認知症や知的・精神障害により判断能力が不十分な人が地域で自立生活をすることを支える事業。（④　　　　　　　　　）によって運営される。

→（⑤　　　　　　　　　）を補完する地域福祉権利擁護事業として1999年に創設され，2007年に名称変更された。

・社会福祉協議会……日常生活自立支援事業にかかわる（⑥　　　　　　　　　　　）と生活支援員が配置されている。

3 成年後見制度

・（⑦　　　　　　　）制度……認知症や知的・精神障害などにより判断能力が不十分な人に対して，本人の意思や（⑧　　　　　　）を尊重しながら保護する制度。法定後見と任意後見がある。

（⑨　　　　　）後見	補助，（⑩　　　　），後見の３類型がある。判断能力が不十分な人について，家庭裁判所が選任した補助人，保佐人，後見人が，本人に不利益が生じないように，代理権・同意権・取消権を適切に行使し，本人を保護・支援する。
（⑪　　　　　）後見	本人に判断能力があるうちに，判断能力が不十分な状態になった時の後見事務について，（⑫　　　　　　　）に一定の範囲で代理権を付与できる。

・市民後見人……弁護士，司法書士や社会福祉士などの専門職ではなく，（⑬　　　　）が一定の研修を受けて成年後見実務を行うもの。後見制度の新たな担い手として期待されている。

✏️練習問題

◆次の記述のうち，正しいものを１つ選びなさい。

A　日常生活自立支援事業は，認知症の高齢者のみを対象としている。

B　社会福祉協議会には，日常生活自立支援事業にかかわる医師や看護師が配置されている。

C　市民後見人とは，弁護士，司法書士や社会福祉士といった専門知識や資格を持った市民が，成年後見実務を行うものである。

D　法定後見における後見人は，家庭裁判所によって選任される。

地域福祉の進展と地域の将来

年　　　組　　　番　　名前

検印

1 つながりの再構築と社会福祉の役割

教科書 p.202 〜 p.203

1 社会的孤立と社会福祉の役割

・社会保障や社会福祉は，困難な状況に陥った時，個人の努力（（①　　　　　））や周りの人との助けあい（（②　　　　））だけでは解決が難しい場合，問題の解決を社会全体で支えていくしくみである。

→自助や共助のみで問題が解決できない（③　　　　　　　　）の状態にある人に対応できるように，社会保障や社会福祉の見直しが求められている。

・現在，（④　　　　　　）という言葉に表されるように，人々のつながりが希薄化している。

→制度による支援の充実と共に，人と人とのつながりを（⑤　　　　　）していくことが課題である。

2 つながりの再構築に向けて

・日々の地域社会のなかで，同じ思いを持った人々が集い，さまざまな形態で課題解決に取り組んでいる。

例　子ども食堂

子ども食堂の取り組みは，全国的に広がっている。子ども食堂は，地域の（⑥　　　　　）への支援だけでなく，広く（⑦　　　　　　）の居場所や交流の場になっている所も多く，地域のつながりづくりとしても期待されている。

・社会福祉専門職は，地域住民による（⑧　　　　　）な取り組みを応援し，連携して困難な状況にある人を支えていく必要がある。

→若い世代では，（⑨　　　　）による交流も重要なものになっている。これが，つながりの（⑩　　　　　）においてどのような可能性を持つのかも考えていく必要がある。

✎練習問題

◆次の記述が正しければ〇，誤っていれば×をつけなさい。

A　社会的孤立とは，家族の支えはあるが，地域社会との接触はほとんどない状態をいう。

B　社会福祉や社会保障の制度による支援だけで，生活上のすべての問題を解決することができる。

C　子ども食堂は，地域の子どもへの支援だけでなく，地域住民の居場所や交流の場になっている所も多い。

D　闘病中の患者同士が出会い，励ましあえる場としての患者コミュニティサイトは，移動が困難であっても同じ課題や悩みを抱えた人と知りあい，問題を分かちあうことができる。

A		B		C		D	

第5編

2 地域社会とボランティア 教科書 p.204〜p.205

１ ボランティアとは

・ボランティアは，社会的課題を解決するために，自らの（①　　　　）に従って行動することである。
　→活動者にとっては，活動を通じて社会に参加し（②　　　　）をはかる機会でもある。
・ボランティア活動とは

社会的課題の解決のために
・自ら行動する（（③　　　）性）
・課題を他の人々と共有する（（④　　　）性）
・無償で行う（（⑤　　　）性）
・積極的に，時には創造的・先駆的に取り組む（（⑥　　　）性・（⑦　　　）性）

・ボランティアの語源……「自ら進んで〜する」という意味のラテン語voloから派生した「自由意思」を意味するvoluntasに，人を表すerを付けた言葉であるといわれている。
・社会的課題……社会的に解決が必要な課題のこと。子どもの貧困や買い物弱者の問題など。

２ 地域社会とボランティア

・地域社会のなかで，（⑧　　　　　　）に気づいた人たちが，ボランティア活動を始める。
　例　高齢者への配食サービス，見守り活動，子ども食堂，生活支援活動，外出支援など。
　→地域社会でボランティア活動に取り組む人は，地域の課題を自分ごととしてとらえ，自分の住んでいる地域を暮らしやすい場所にしていきたいと考えていることが多い。

３ ボランティアと制度の関係

・法律にもとづいて行われる社会福祉は，一人ひとりの状況に柔軟に対応することが難しい場合も多い。
　→支援が必要と思われることに対して（⑨　　　）的に，時に新しいしくみをつくり出すことができるという創造性・（⑩　　　）性が，ボランティアの強みである。
・社会福祉の歴史を見ると，ボランティア活動の新たな取り組みが社会全体で必要とされるようになり，それが制度化され，発展してきた。
　→制度の行き届かない部分を埋めるのではなく，（⑪　　　　　　　）が新しい制度を生み出す原動力になるという視点を持つことが重要。

練習問題

◆次の記述のうち，誤っているものを１つ選びなさい。

A　社会的課題を解決するために無償で行動したとしても，自らの意思によらなければボランティアとはいえない。
B　行政にはできない創造的・先駆的な活動に取り組むことは，ボランティアの強みである。
C　高校生でも，社会的課題を解決するために，ボランティア活動を行うことができる。
D　社会福祉の歴史を見ると，社会福祉制度の行き届かない部分を埋めるために，ボランティア活動が生まれたといえる。

第2章　地域福祉の進展と地域の将来　**87**

③ 非営利組織の活動

教科書 p.206 ～ p.207

❶ 非営利組織

・非営利組織……営利を目的としない（①　　　　）の組織。（②　　　　）を追求しないことが組織の主目的なので，出資者や関係者で利益を分けあうことは認められていない。

→人を雇ったり，収益を上げる事業を行ったりすることは認められている。

・非営利組織の担い手として，特定非営利活動法人，社会福祉法人などがある。

❷ 特定非営利活動法人

◎特定非営利活動法人……非営利組織のうち，（③　　　　　　　　　）にもとづいて設立される法人。（④　　　　）法人と呼ぶこともある。

・NPO……本来は，（⑤　　　　）を目的としない幅広い団体をさす（広義のNPO）。また，（⑥　　　　）（非政府組織）という呼び名もある。

→制度では対応できない支援に先駆的に取り組んでいる団体も多い。

❸ 社会福祉法人と社会福祉協議会

◎社会福祉法人……（⑦　　　　　　　）にもとづいて設立される社会福祉事業を行うことを目的とした法人。

◎社会福祉協議会……社会福祉法人のひとつで，すべての都道府県と市区町村に設置されている。

・（⑧　　　　　）社会福祉協議会……ボランティアセンターの運営を通して住民の福祉活動への参加のための支援を行うと共に，民間の社会福祉関係者との連絡・調整などを行う。

・（⑨　　　　　）社会福祉協議会……広域的な地域福祉の推進と共に，市町村社会福祉協議会の支援，福祉人材の確保や研修などを行う。

❹ 公益活動の多様な担い手

◎協同組合……利益が（⑩　　　　）に分配されるため，厳密には非営利組織の定義に当てはまらないが，福祉活動において重要な役割を占める場合が多い。

・生活協同組合（生協）……組合員が（⑪　　　　）を出しあって物品を共同購入する組織。

・（⑫　　　　　　）（農協）……農業振興をはかる組織。

→協同組合のように，複数の社会的目標を持って活動する事業体を（⑬　　　　　）という場合もある。

✎練習問題

◆次の記述が正しければ〇，誤っていれば×をつけなさい。

A　非営利組織は利益の追求をしないので，収益を上げる事業を行うことができない。

B　非営利組織のうち，特定非営利活動法人は，福祉だけでなく，環境やまちづくりなど幅広い分野で活動している。

C　ボランティアセンターの運営は，都道府県社会福祉協議会が行っている。

D　近年，企業も地域社会に責任を持つべきであるとする社会的責任（CSR）という考え方が広まっている。

A		B		C		D	

4 福祉のまちづくりと地域社会

教科書 p.208 ～ p.209

1 福祉のまちづくり

◎（①　　　　）のまちづくり……すべての人にとって住みやすい地域になるようなまちづくり。

・まちづくり……地域の（②　　　　）を改善し，まちの活力や魅力を高めていくための活動をいう。

→かつて，まちづくりは社会生活に（③　　　　）を抱えた人に配慮されていなかったが，

（④　　　　　　　　　　　　）の考え方が広まったことで，すべての人にとって住みやすい地域を実現する必要があることが理解されるようになった。

2 バリアフリーとまちづくり

・福祉のまちづくりでは，物理的な障壁を取り除くこと（（⑤　　　　　　　　　））に取り組むことも必要だが，人々の意識のなかにある偏見や差別をなくしていくこと（（⑥　　　　　　　　　））も必要である。

→福祉教育や（⑦　　　　　　）といった学習に加え，ボランティア活動や学校教育において，多様な人とかかわりあう体験が不可欠である。

3 災害に備えたまちづくり

・災害発生時は，（⑧　　　　　　　　　）の避難などを通じて，支援が必要な人の命を守ることが重要。

・避難生活においては，（⑨　　　　　　　）の整備など，安心して避難できる環境が不可欠。

→日常的なまちづくりの取り組みにおいて，防災・（⑩　　　　）を意識した活動を進め，災害時にも地域の人が力を発揮できるようにすることが必要。

4 まちづくりへの当事者の参加

・福祉のまちづくりにおいては，（⑪　　　　）が主体的に参画して，地域の特性に応じたまちの将来像を描くことが必要である。

→この場合の住民には，福祉課題を抱えた（⑫　　　　　）も含まれる。

📝練習問題

◆次の記述のうち，正しいものを１つ選びなさい。

A　福祉のまちづくりは，障害のない住民にとって住みやすい地域になるように，環境を改善する活動である。

B　人々の意識のなかにある偏見や差別のことを，心のバリアフリーという。

C　福祉避難所は，災害時に高齢者が滞在するための場所であり，障害者や乳幼児などは利用することができない。

D　福祉のまちづくりにおいては，福祉課題を抱えた当事者も含む住民が主体的に参画して，地域の特性に応じたまちの将来像を描くことが必要である。

5 新時代に向けた社会福祉〜地域共生社会の実現に向けて〜 教科書 p.210 〜 p.211

1 地域共生社会の実現と社会福祉のあり方

◎（①　　　　　　）社会の実現……かけがえのない（②　　　）を持った各人がそれぞれの能力に応じて，自分らしく暮らしていける地域社会をつくること。

→地域共生社会の実現のために，年金・医療・介護などの諸制度，子ども・子育て支援，障害者支援や生活困窮者への支援など，公的な社会保障や（③　　　　　　）サービスの充実が不可欠である。

・複数の課題を抱える人の相談に対応するため，分野ごとの福祉専門職が連携し，包括的に支援する体制（（④　　　　　　　　　　））を整備することが必要。

　例　ダブルケア……育児期にある者（世帯）が親の（⑤　　　　　）も同時に行っている状態。親の介護と子育ての両方に課題を持つ場合がある。

・公的な社会保障や社会福祉サービスだけでなく，地域住民など（⑥　　　　　）との協働も必要。

　例　認知症カフェや介護者の集い，子育てサロン　など

2 共生ケアの広がり

・（⑦　　　　　　）……対象を高齢者，障害者といった分野で分けずに，利用者相互のかかわりを重視するケア。高齢者や子ども，障害者など多様な人々が集うことで，さまざまな相乗効果が生み出される。

→1993年に富山市で開設されたデイケアハウス「このゆびとーまれ」で始まり，その活動が全国へ広がった。

・2018年の制度改正で，介護保険と障害者福祉の両方の制度に新たに（⑧　　　　　）サービスが位置づけられた。

→（⑨　　　　　）と障害者・障害児が同一の事業所でサービスを受けられるようになった。

3 新しい時代に向けた福祉専門職の役割

・少子高齢化や人口減少が進むにつれ，社会は新たな課題や困難に直面することになる。

→どのような社会においても，人と人，人と社会をつなぐという，（⑩　　　　　　　）の役割がいっそう重要になると考えられる。

練習問題

◆次の記述が正しければ○，誤っていれば×をつけなさい。

A　地域共生社会の実現のために，公的な社会保障や社会福祉サービスの充実が不可欠である。

B　ダブルケアとは，自分の親と配偶者の親の介護を同時に行っている状態をいう。

C　公的な社会福祉の充実とその包括化，福祉専門職や行政機関と地域住民などが協働することが，地域からの孤立化を防ぐことにつながる。

D　2018年の制度改正により，障害のある人が65歳以上になると，原則，介護保険サービスの利用が優先されることになった。

A		B		C		D	

90　第5編　地域福祉の進展と多様な社会的支援制度

[〔(福祉 701) 社会福祉基礎〕準拠]
社会福祉基礎学習ノート

表紙デザイン
鈴木美里

本文基本デザイン
広研印刷

● 編　者——実教出版編修部

● 発行者——小田　良次

● 印刷所——広研印刷株式会社

● 発行所——実教出版株式会社

〒 102-8377
東京都千代田区五番町 5
電話 〈営業〉 (03) 3238-7777
　　 〈編修〉 (03) 3238-7723
　　 〈総務〉 (03) 3238-7700
https://www.jikkyo.co.jp/

002402022

ISBN 978-4-407-36087-5